AF360774

UN
ENFANT DE PARIS

DRAME EN CINQ ACTES ET HUIT TABLEAUX,

PAR M. E. SOUVESTRE.

REPRÉSENTÉ, POUR LA PREMIÈRE FOIS, A PARIS, SUR LE THÉATRE DE L'AMBIGU-COMIQUE LE MARDI 23 JUILLET 1850.

DISTRIBUTION DE LA PIÈCE.

CLAUDE, ouvrier	MM.	GASTON.
LE COMTE D'ARNETAL		H. VANNOY.
MARCEL, commandant de frégate		LÉON M*.
BOQUILLARD, banquier		COQUET.
PEMPERLOT, industriel		LAURENT.
MORIN, père de Claude, ancien tapissier		BARD.
PYRÉNE, ancien tapissier		BOUSQUET.
RIGOULARD, voleur		GABRIEL.
M. FAUVEL, notaire		MARTIN.
LE BARON		THIERRY.
LE COLONEL		DEPRELLE.
GERMAIN, domestique du comte d'Arnetal		LAVERGNE.
LA COMTESSE D'ARNETAL	Mmes	LUCIE.
ÉLODIE, lorette		S. HILAIRE.
PERNETTE, femme de chambre		LANGLET.
Mme CAVALON, portière		SYLVAIN.
LA MÈRE ANGO, cabaretière		CAROLINE.
FARANDOLE } grisettes		DAROUX.
CLÉOPATRE		EUGÉNIE.

OUVRIERS, — VALETS, — PÊCHEURS, — GRISETTES, — PÊCHEUSES.

La scène se passe pendant les 4 premiers tableaux à Paris; — pendant les 4 derniers aux Jonchères, chez le comte d'Arnetal, en Normandie.

Nota. S'adresser pour la musique à M. Artus, chef d'orchestre, à Paris. Pour la mise en scène à M. Monnet, régisseur. — Tous deux au théâtre.

1850

ACTE I,

Le théâtre représente l'intérieur d'une cour dans le faubourg du Temple ; au fond, à gauche, on aperçoit l'escalier qui monte dans l'intérieur de la maison, puis, en allant vers la droite, le regard rencontre successivement le portail d'entrée, la loge du concierge et une seconde porte donnant sur la rue.

A droite du théâtre s'élève un corps de bâtiment n'ayant qu'un rez-de-chaussée ; du même côté, un banc. A la gauche, un puits. Le jour commence à peine à paraître, la lanterne du portail est près de s'éteindre.

SCÈNE I.

PEMPERLOT, *puis* Mme CAVALON. (*Pemperlot descend l'escalier de la maison avec précaution, entre dans la cour et regarde autour de lui ; il tient à la main un seau et un paquet de clefs.*)

PEMPERLOT.

Il n'y a encore personne de levé dans la maison... je suis sûr qu'on ne me verra pas. (*Apercevant Mme Cavalon qui sort du rez-de-chaussée à droite.*) Oh ! la portière .. elle sort de chez les Morin... elle aura veillé près de la malade... (*Il cache le trousseau de clefs dans le seau.*)

Mme CAVALON, *l'apercevant.*

Hein ?... qu'est-ce qui est donc là ?

PEMPERLOT.

Faites pas attention, madame Cavalon, je viens au puits.

Mme CAVALON.

Ah ! monsieur Pemperlot, votre servante.

PEMPERLOT.

C'est moi qui suis le vôtre, madame Cavalon, si j'en étais capable. (*Mme Cavalon est rentrée dans la loge.*) Bon... la voilà rentrée dans sa coquille... c'est pas malheureux !... J'ai un ami dans la police qui m'a averti qu'on avait l'intention de faire des visites dans le quartier, et, en fouillant dans mon bazar, ils auraient pu trouver ce qui sert à mon état (*il montre ce qu'il tenait*), une collection de *monseigneurs*.. aussi je vas cacher le tout sous la margelle du puits... *Il cache le trousseau de clefs.*) J'ai pas envie d'être pincé en rupture de ban, trimbalé à la septième chambre et bouclé pour la centrale... j'aime mieux me retirer dans mon autre établissement d'agent d'affaires... seulement attention! faut pas qu'en cherchant Pemperlôt faubourg du Temple, on arrive à découvrir Samuel Crockman, rue des Bourdonnais. Pourvu que Pyréné, qui demeure ici et avec qui j'ai fait quelques petites affaires, n'aille pas *manger le morceau.* (*On frappe à la porte cochère.*) Ah! v'là des locataires qui rentrent.

SCÈNE II.

Les Mêmes, ÉLODIE, FARANDOLE, CLÉOPATRE, PYRÉNÉ, Débardeurs *et* Débardeuses.

VOIX, *au dehors.*

Brrr... le cordon, mère Cavalon... Cocoriko.

PEMPERLOT.

Tiens! ce sont les petites lorettes du sixième qui reviennent d'enterrer le mardi gras au Château-Rouge.

VOIX, *au dehors, sur l'air des Lampions.*

Le cordon... le cordon... (*On frappe en cadence.*)

Mme CAVALON.

Tout à l'heure... attendez donc. (*Elle tire le cordon, tous les masques se précipitent dans la cour.*)

TOUS.

Voilà! voilà!... bravo!

PYRÉNÉ, *chantant.*

La victoire en chantant nous ouvre la barrière.

FARANDOLE *et* ÉLODIE, *allant à la loge.*

Eh! mère Cavalon! (*Elles frappent à la porte de la loge.*)

Mme CAVALON, *du dedans.*

Qu'est-ce que c'est... qu'est-ce qu'il y a encore?

ÉLODIE.

Mère Cavalon, ce sont des odalisques, débardeuses, Andalouses, et autres personnes du sexe qui viennent réclamer les clefs de leurs appartements.

PYRÉNÉ.

Avec des allumettes chimiques.

FARANDOLE.

Et des rats de cave.

Mme CAVALON, du dedans.

Attendez...

ÉLODIE.

Vite, mère Cavalon. (*Chantant.*)

> Ma chandelle est morte,
> Je n'ai plus de feu...
> TOUTES, *frappant à la porte de la loge.*
> Ouvrez-moi la porte
> Pour l'amour de Dieu.

ÉLODIE, apercevant Pemperlot.

Tiens, le voisin Pemperlot qui est déjà levé.

PEMPERLOT.

Bonjour, mes petites biches.

ÉLODIE.

Bonjour, vieux troubadour. (*La porte de la loge s'ouvre.*)

TOUTES.

Ah! voilà! (*Une partie des masques entre dans la loge, d'autres restent groupés sous le porche.*)

PEMPERLOT, à Élodie et à Farandole.*

Eh bien, on a donc passé la nuit à faire noces et festins?

FARANDOLE.

Ah! je crois bien.

PEMPERLOT.

On aura dansé des galops mythologiques et pincé des rigaudons à faire loucher le municipal.

ÉLODIE.

Par exemple, monsieur Pemperlot, vous nous prenez pour d'autres.

PEMPERLOT, la prenant par la taille.

J'aimerais mieux vous prendre pour moi.

ÉLODIE.

Finissez, voyons; je vous prie de croire que nous ne nous permettons jamais, au bal, que les danses autorisées par la décence et par monsieur le préfet de police.

PEMPERLOT.

Alors ça doit vous ennuyer...

* Farandole, Pemperlot, Élodie.

ÉLODIE.

Du tout... quand on trouve des gens aimables...

FARANDOLE.

Comme cette fois-ci où elle a fait la conquête d'un gentil-homme.

PEMPERLOT.

Ah ! bah !

FARANDOLE.

Un très-bel homme, et ça se distinguait, vu qu'il était déguisé en Hercule.

ÉLODIE.

Oui, il m'a déclaré que je serais son Omphale, qu'il voulait filer à mes pieds.

PEMPERLOT.

Filer ? eh bien, dites donc, un ver à soie de ce genre-là, ça peut être de rapport.

ÉLODIE, *avec dignité*.

Monsieur Pemperlot, vous êtes un Diogène !

PEMPERLOT.

Qu'est-ce que c'est que ça, Diogène ?

ÉLODIE.

C'était un chiffonnier du moyen âge.

PYRÉNÉ, *sortant de chez la portière*.

Voilà les clefs, les bougeoirs, les éteignoirs ; regardez, prenez, choisissez.*

PEMPERLOT.

Eh bien ! mais, dites donc, vous n'avez pas besoin de lu-mière, (*il montre le ciel*) v'là le grand bec de gaz qui s'allume.

ÉLODIE.

Au fait, le soleil est levé.

FARANDOLE.

Et ils ne sont pas encore éveillés dans la maison.

ÉLODIE.

Fainéants de bourgeois, va, ça dort tandis que nous nous fati-guons au bal masqué.

FARANDOLE.

Faut leur donner une sérénade.

* **Farandole**, Pyréné, Élodie, Pemperlot.

TOUS.

C'est ça...

FARANDOLE.

Allons, Elodie, en avant la ronde du réveille-matin.

TOUS.

Oui !... oui !...

ÉLODIE, chantant.

AIR de M. Artus.

Voyez-vous comme les toits brillent !
La nuit vient d'éteind' ses fanaux.
Au fond des cours déjà babillent
Les portières et les pierrots ;
Déjà, sur l' seuil, à ses pratiques,
La laitièr' vend son lait d'gruau,
Les cabar'tiers rouv' leurs boutiques
Où l'eau pur' se change en Bordeaux,
Hohé ! hohé !
Vous tous qui sommeillez encore,
Bons travailleurs, voici l'aurore,
Réveillez-vous ,
Vite, debout !
Debout, debout !
Réveillez-vous !

Pour viv' faut profiter d' la vie,
Plus tard on aura l' temps d'dormir ;
L'amour mêm' dans l' sommeil s'oublie,
C'est un vol qu'on fait au plaisir !
Vingt-quatre heur's j' veux qu'on s' divertisse.
Maintenant la nuit et l' sommeil,
Sont supprimés par la police,
Puisque l' gaz continu' l' soleil !
Hohé ! hohé ! etc.

Danse générale.

SCÈNE III.

LES MÊMES, Mme CAVALON, sortant de sa loge.

Mme CAVALON.

Chut donc !...

TOUS, chantant.

Tra la la la...

Mᵐᵉ CAVALON.

Voulez-vous bien vous taire !

PYRÉNÉ, *prenant M*ᵐᵉ *Cavalon.*

V'là la mère Cavalon qui vient danser.

TOUTES, *l'entourant.*

Oui, faut qu'elle danse.

Mᵐᵉ CAVALON, *se débattant.*

Finirez-vous, mauvais sujets!

ÉLODIE.

Troisième couplet.*

Mᵐᵉ CAVALON, *qu'on entraîne.*

Mais vous ne savez donc pas ce qu'il y a dans la maison?...

ÉLODIE.

Il y a le carnaval.

Mᵐᵉ CAVALON, *avec force.*

Il y a la mort!...

TOUTES.

Hein !...

ÉLODIE.

Qu'est-ce que vous dites là, madame Cavalon?

Mᵐᵉ CAVALON.

Je dis que pendant que les jeunes reviennent du bal, les vieux se préparent à partir pour le cimetière.

ÉLODIE.

Quoi ! la mère Morin...?

Mᵐᵉ CAVALON.

Elle est à l'agonie.

ÉLODIE.

Est-ce possible?...

Mᵐᵉ CAVALON, *montrant le rez-de-chaussée à droite.*

Regardez plutôt... je viens de la laisser avec le bonhomme Morin... ils attendent la dame de charité.

PYRÉNÉ.

Celle que vous appelez madame Henriette?

PEMPERLOT, *confidentiellement.*

C'est que son petit nom... elle a pas voulu dire l'autre.

* Farandole, Pyréné, Élodie, Mᵐᵉ Cavalon, Pemperlot.

Mme CAVALON.

Parce que c'est une créature du bon Dieu qui se cache pour faire le bien, comme certains pour faire le mal.

PEMPERLOT.

Oui ; mais elle a beau venir à pied, on voit que c'est accoutumé à avoir un équipage ; aussi, moi, j'ai fait parler la petite femme de chambre, et j'ai su que c'était une comtesse.

ÉLODIE.

Ah ! bah !

Mme CAVALON.

Eh bien, en v'là un amour de femme, jeune, riche, jolie, et ne s'occuper que de secourir les pauvres gens !

PEMPERLOT.

Faut qu'elle soit bien malheureuse dans son ménage. (*Marcel paraît à la porte cochère qui est restée ouverte, et regarde au dehors comme s'il attendait quelqu'un.*)

PYRÉNÉ, *l'apercevant.*

Oh ! dites donc, voici le particulier qui arrive toujours quand madame Henriette est ici.

ÉLODIE.

Ah ! il s'intéresse donc bien à elle ?...*

PEMPERLOT.

La petite femme de chambre m'a dit que c'était un parent.

MORIN, *dans le logement du rez-de-chaussée.*

Dieu ! Catherine !...

FARANDOLE.

Écoutez...

MORIN.

A moi ! à moi !

Mme CAVALON.

Ah ! c'est le père Morin. (*Elle court au rez-de-chaussée et entre.*)

PYRÉNÉ.

Il appelle au secours. (*Il entre à la suite de Mme Cavalon. Tous les masques se groupent à la porte du rez-de-chaussée.*)

FARANDOLE, *s'approchant de Pemperlot.*

Qu'est-ce que ça peut donc être ?**

*Farandole, Élodie, Pemperlot, Mme Cavalon, Pyréné.
** Pemperlot, Marcel, la Comtesse, Pernette, Élodie.

PEMPERLOT.

Ce que ça peut être?... Parbleu! c'est la pièce qui finit, la toile va baisser.

SCÈNE IV.

LES MÊMES, MARCEL, *puis* LA COMTESSE *et* PERNETTE.

MARCEL, *apercevant la Comtesse.*

Ah! enfin, je l'aperçois.

LA COMTESSE, *entrant.*

Monsieur de Barville ici!...*

MARCEL.

Je vous attendais.

LA COMTESSE.

Si matin?...

MARCEL.

Ne m'avez-vous pas permis de partager votre mission de charité?...

PERNETTE, *qui voit les personnes rassemblées devant le logement de Morin.*

Ah! mon Dieu!... qu'y a-t-il donc là, madame?...

LA COMTESSE, *saisie.*

C'est la porte de la malade. (*Pyréné sort de chez Morin.*)

TOUTES.

Eh bien, monsieur Pyréné?

PYRÉNÉ.

Eh bien... c'est fini!

TOUTES.

Fini!

LA COMTESSE *et* PERNETTE.

Dieu!

MARCEL.

Est-ce possible?...

LA COMTESSE.

Ainsi j'arrive trop tard?..

PYRÉNÉ, *montrant Élodie et ses compagnes qui se sont age-nouillées devant le seuil de Morin.*

Madame voit...

* Farandole, Pemperlot.

1.

LA COMTESSE.

Ah! il ne reste plus qu'à prier pour elle. (*Elle s'agenouille ainsi que Pernette ; Marcel se découvre, Pemperlot l'imite.*)

MARCEL, *à part.*

Pauvre femme!... du moins elle a fini de souffrir.

ÉLODIE, *se levant.*

Ah! tenez, remontons... ces choses-là font réfléchir, et les réflexions, c'est trop triste.

PEMPERLOT.

Oh! ces femmes, c'est-il susceptible! (*Élodie et ses compagnes remontent chez elles, Pyréné rentre chez Morin.*)

MARCEL, *à la Comtesse qui s'est relevée.*

De grâce! madame la comtesse, ne vous exposez pas plus longtemps à de pareilles émotions ; votre présence ici n'est plus nécessaire.

LA COMTESSE.

Mais j'aurais au moins voulu m'assurer si je ne pouvais être utile...

PERNETTE.

Au bonhomme Morin?... je m'en charge, ma marraine.

MARCEL.

C'est cela. (*Pernette entre chez Morin.*) Pendant ce temps je ferai chercher une voiture pour madame la comtesse.

PEMPERLOT, *s'approchant.*

Une voiture! je vas vous avoir ça!

MARCEL.

Tout de suite.

PEMPERLOT.

A la vapeur! (*Il sort par la porte cochère.*)

SCÈNE V.

MARCEL, LA COMTESSE.

MARCEL.

Et vous, madame la comtesse, promettez-moi que vous allez retourner à l'hôtel pour prendre du repos.

LA COMTESSE.

Oh! ne me demandez point cela; si mes soins ici sont désormais inutiles, ailleurs on les attend.

MARCEL.

Mais songez que la fatigue...

LA COMTESSE, *vivement.*

La fatigue, je la cherche, je la désire! Ces œuvres de dévouement sont du moins un but donné à ma vie.

MARCEL.

Ah! madame!...

LA COMTESSE.

Mais vous, d'autres devoirs vous restent à remplir... il faut continuer une carrière si glorieusement commencée... le vaisseau que vous devez commander vous attend à Brest; partez!

MARCEL.

Comment?...

LA COMTESSE.

Il le faut... vous devez le comprendre; quelque innocent que soit le motif de ces rencontres chez les malheureux que nous venons secourir, il est trop facile de les mal interpréter... et si le comte venait à les connaître...

MARCEL.

Lui, madame! Oh! s'en inquiète-t-il seulement, au milieu de ses orgies?...

LA COMTESSE.

Monsieur de Barville, oubliez-vous de qui vous parlez?

MARCEL.

Non, madame, je parle de celui qui vous a forcée à accepter son nom contre votre volonté, par une lâche violence.

LA COMTESSE.

Quoi! vous savez?...

MARCEL.

Je sais que pour partager l'héritage qui vous avait enrichie, votre cousin, monsieur le comte d'Arnetal, s'est armé d'une correspondance trouvée dans des papiers de famille, qu'il vous a menacée de trahir le secret de votre naissance en déshonorant votre mère.

LA COMTESSE.

Qui vous a dit?...

MARCEL.

Celui que la nécessité vous avait donné pour conseiller, mon-

sieur Fauvel... il m'a appris comment vous vous étiez sacrifiée
à une mémoire révérée!...

LA COMTESSE, *se couvrant les yeux.*

Mon Dieu!

MARCEL.

Et j'étais absent, moi votre compagnon d'enfance, moi qui
vous regardais comme promise à mon amour.

LA COMTESSE.

Ah! Marcel, vous m'aviez juré...

MARCEL.

De ne vous en parler jamais! eh bien, je vous ai trompée.

LA COMTESSE.

Que dites-vous?

MARCEL.

Je me suis trompé moi-même! Cette contrainte est au-dessus
de mes forces... Henriette, quand je vous vois, quand je vous
entends, mon cœur se trouble, ma tête se perd...

LA COMTESSE, *très-émue.*

Marcel!

MARCEL.

Je sens que je vous aime plus que jamais!

LA COMTESSE.

Taisez-vous, on vient!

SCÈNE VI.

LES MÊMES, PYRÉNÉ.

PYRÉNÉ, *sortant du rez-de-chaussée à droite.*

Allons, le père Morin est plus tranquille. (*A la Comtesse.*)
Madame n'a pas besoin de s'inquiéter, le voilà revenu à son idée
fixe.

LA COMTESSE.

Comment?...

PYRÉNÉ.[*]

Oui, il a repris ses papiers et il cherche à refaire ses comptes.
Depuis sa ruine, c'est une espèce de folie; il ne pense qu'à une

[*] Marcel, Pyréné, la Comtesse.

chose, payer ses dettes et sauver, comme il dit, son honneur commercial.

MARCEL.

Il a donc été commerçant?

PYRÉNÉ.

Maître tapissier; et il était en train de devenir rentier, s'il n'avait pas fait crédit à un étranger, un colon qui vivait à Paris comme un prince du sang, et qui, un beau jour, est parti en oubliant de payer le père Morin... quinze mille francs d'oubli, rien que ça.

MARCEL.

Et le tapissier a été ruiné?...

PYRÉNÉ.

Pas tout de suite; car il a encore marché quelque temps avec des emprunts; mais chaque année il y a eu plus de tirage, jusqu'au moment de la débâcle où il a fallu donner congé au propriétaire avec la semelle de ses souliers, et se dissimuler, crainte des prises par corps.

LA COMTESSE.

Pauvres gens!

MARCEL.

Et leur débiteur déloyal n'a point reparu?

PYRÉNÉ.

Au contraire, on a dit qu'il était débarqué à Marseille, et c'est pourquoi le fils du père Morin est parti pour le retrouver.

LA COMTESSE.

Monsieur Claude?

PYRÉNÉ.

Oui; reste à savoir s'il aura pu repincer son particulier, qui arrivait soi-disant de la Martinique.

LA COMTESSE.

De la Martinique!... Et vous l'appelez?

PYRÉNÉ.

Henri de Lobriais.

LA COMTESSE.

Lobriais!

PYRÉNÉ.

Est-ce que madame connaîtrait?...

LA COMTESSE.

Le nom seulement... — Mais cette voiture n'arrive pas.

PYRÉNÉ.

Au fait, qu'est-ce qu'il devient donc, Pemperlot? (*Il va vers la porte du fond.*)

LA COMTESSE, *pensive.*

Lobriais!... c'était le nom d'une des habitations autrefois possédées par la famille du comte.

MARCEL.

Quoi! vous auriez quelques soupçons?...

LA COMTESSE.

Ah! j'y résiste de toutes mes forces; mais je me rappelle malgré moi que lors de son premier voyage en France, monsieur d'Arnetal s'oublia dans des désordres qui épuisèrent rapidement toutes ses ressources; que son départ fut, dit-on, une fuite !

MARCEL.

Ainsi, vous supposez?...

LA COMTESSE.

Rien encore; mais je veux tout éclaircir, et pour cela je compte sur vous.

MARCEL.

Disposez de moi, madame la comtesse.

LA COMTESSE.

Vous verrez mon homme d'affaires, monsieur Fauvel, vous vous entendrez avec lui pour ces recherches.

MARCEL.

Et si vos craintes se réalisent?...

LA COMTESSE.

Alors il vous remettra la somme due par monsieur le comte. Grâce à la prudence de mon tuteur, je puis disposer de ma dot; jusqu'à présent je l'ai employée à soulager des misères, aujourd'hui elle me servira à épargner une honte au nom que je porte. (*Pernette sort de chez Morin.*)

PYRÉNÉ, *revenant du fond.*

Voici la voiture qui attendait madame.

LA COMTESSE.

Mille grâces. (*Pyréné remonte chez lui par l'escalier.*)

SCENE VII.

LES MÊMES, *excepté* PYRÉNÉ; PEMPERLOT, *entrant.*

PEMPERLOT.

Voilà!... un milord vert-pomme, le cocher est à jeun... j'ai pris le numéro. (*Il donne une petite carte à Pernette.*) Ce sont les trois jambes de mon cousin... cent onze (111).

PERNETTE.

Merci.

LA COMTESSE.

Je conjure monsieur de Barville do ne point se déranger pour moi.*

MARCEL.

Mais songez...

LA COMTESSE, *à demi-voix, avec fermeté.*

Je le veux!

MARCEL, *s'inclinant.*

Vous serez obéie. (*Il salue et sort.*)

LA COMTESSE, *à Pemperlot.***

Et vous, monsieur, vous êtes le voisin, l'ami de cette pauvre famille Morin?

PEMPERLOT.

Certainement, madame, son ami intime.

LA COMTESSE.

Alors vous ne refuserez pas de veiller à tous les détails de la triste cérémonie qui se prépare.

PEMPERLOT.

Moi... permettez, je ne peux pas...

LA COMTESSE, *tendant une bourse.*

Voici de quoi y subvenir.

PEMPERLOT, *vivement.*

Ah! alors je me charge de tout.

LA COMTESSE.

Venez, Pernette.

PEMPERLOT, *saluant.*

En vous remerciant, madame la comtesse... (*saluant Pernette*) mademoiselle la femme de chambre.

* Pemperlot, Pernette, Marcel, la Comtesse.
** Pemperlot, la Comtesse, Pernette.

SCÈNE VIII.

PEMPERLOT *seul.* (*Il regarde dans la bourse.*)

Dix napoléons! En v'là une femme bien élevée et dont je voudrais cultiver la connaissance!... Dix napoléons!... et elle croit que je vais offrir ça aux croque-morts... Plus souvent!... Il faudrait n'avoir aucune idée en économie politique... J'aime bien mieux placer ça dans mon fonds de la rue des Bourdonnais.

SCÈNE IX.

PEMPERLOT, Mme CAVALON, *sortant de chez Morin, à droite.*

Mme CAVALON, *regardaut autour d'elle.*

Tiens!... Eh bien, où est donc madame Henriette?|

PEMPERLOT.

Madame Henriette? Elle est partie.

Mme CAVALON.

Ah! mon Dieu! et ce livre qu'elle a oublié hier chez la pauvre mère Morin.

PEMPERLOT, *le prenant.*

Des Heures reliées en velours, avec un fermoir qui reluit?... J'en fais mon affaire... (*Il met le livre dans sa poche.*)

Mme CAVALON.

Ah bien! oui. Mais la commission que m'avait donnée la défunte?

PEMPERLOT.

Si c'est quelque chose à remettre, je m'en charge toujours.

Mme CAVALON.

Non, j'aime mieux attendre le retour de Claude; il ne peut pas tarder désormais... ça sera pour lui une leçon... ça lui prouvera qu'il y a du brave monde partout, même parmi les grosses gens.

PEMPERLOT.

Ah! le fait est qu'il ne les idolâtre pas, les grosses gens... Faut l'entendre parler là-dessus... car c'est le plus malin de tous les ouvriers de l'imprimerie Dufour, y a pas à dire!... Un gaillard qui fait des vers avec des rimes, qui est capable de lire tout un volume sans dormir.

Mme CAVALON.

Et qui a du cœur...

PEMPERLOT.

Ah! v'là le malheur!... ça lui fera faire des sottises.

Mme CAVALON.

Comment?

PEMPERLOT.

Oui, oui... comme dit le proverbe : La sensibilité est la mère de tous les vices... Du cœur! c'est bon à avoir que quand on joue au piquet...

Mme CAVALON.

Laissez donc, vieux mécréant! (*Elle remonte.*)

PEMPERLOT.

Non, voyez-vous ; Claude, c'est un vrai enfant de Paris ; ils sont quasiment tous comme ça ; c'est malin , c'est un peu rageur ; si on les agace, ça mord. Mais dites-leur un mot de douceur, ayez pour eux une bonté, et il n'y a plus de fiel, ça devient de vrais moutons baptisés.

Mme CAVALON, *qui est à la porte du fond.*

Ah! mon Dieu! je ne me trompe pas. C'est bien lui. *

PEMPERLOT.

Qui donc?

Mme CAVALON.

Le fils Morin!

PEMPERLOT.

C'est-il possible?

Mme CAVALON.

Voyez...

PEMPERLOT.

C'est ma foi vrai, il arrive.

Mme CAVALON.

Ah! le malheureux! et il ne se doute de rien!

PEMPERLOT.

Dites donc, madame Cavalon, comment lui annoncer...

Mme CAVALON.

Ça va être un coup de tonnerre.

PEMPERLOT.

Faudrait le préparer doucement.

___

* Mme Cavalon, Pemperlot.

Mme CAVALON.

Motus ! le voici.

SCÈNE X.

LES MÊMES, CLAUDE, *en blouse de voyage, un sac sur le dos et un bâton à la main; il est couvert de poussière.*

CLAUDE, *à la porte du fond, apercevant Mme Cavalon.*

Eh! c'est la portière !

Mme CAVALON.

Monsieur Claude....

CLAUDE.

Bonjour, voisin Pemperlot...

PEMPERLOT, *lui donnant la main.*

Eh bien ! en v'là une surprise !

CLAUDE. *

Vous ne m'attendiez plus, pas vrai? Depuis le temps que je parcours le monde... comme feu Joconde ! Aussi voilà trois jours que j'ai mis les lieues en double... Ce qui fait que je tombe ici sans avertissement... pour surprendre les vieux parents. (*Vivement.*) Ils se portent bien, au moins ?

Mme CAVALON, *avec embarras.*

Certainement... certainement... Mais vous devez avoir besoin de vous reposer...

CLAUDE, *allant au rez-de-chaussée à droite.*

Faut d'abord que je les embrasse ; ça me délassera...

Mme CAVALON, *l'arrêtant.*

C'est impossible.

CLAUDE.

Comment, impossible? Et pourquoi ça ?

PEMPERLOT.

Parce que vous ne les trouverez pas.

CLAUDE.

Ah ! bah ! est-ce qu'ils sont déjà sortis?

Mme CAVALON.

Oui.

CLAUDE.

Si matin !... Eh bien, bravo ! C'est preuve de santé. (*Il se dé·*

---

* Pemperlot, Claude, Mme Cavalon.

barrasse de son sac qu'il pose sur le puits.) * Je crois que j'avais un peu de peur, voyez-vous, parce qu'en route on ne me parlait que de l'épidémie... Et il paraît que ça tape dur.

Mme CAVALON.

Si vous voulez entrer dans la loge ? **

CLAUDE.

Merci, madame Cavalon, j'attendrai ici.*** (*Il va s'asseoir sur le banc.*) D'autant que ça me fait plaisir de retrouver votre vilaine cour noire avec son vieux puits... Ah! c'est que ce matin, voyez-vous, quand j'ai aperçu la fumée de la grande ville, ça a commencé à me battre là le rappel d'une drôle de manière.

PEMPERLOT.

Vraiment...

CLAUDE.

Oui, oui, ce gueux de Paris, c'est comme les femmes, on en dit toujours du mal et on ne peut pas s'en passer... J'avais beau voir en route les prés, les champs et les bois, je ne pensais qu'à la crotte de notre faubourg et à mon grenier là-haut... Les enfants de Paris, ça ressemble aux pierrots, ils n'aiment à nicher que parmi les cheminées...

PEMPERLOT.

Et le voyage ?

CLAUDE.

Le voyage ? **** Eh bien, parbleu ! je reviens comme j'étais parti... Mon débiteur n'a fait que débarquer à Marseille, voilà un an, et on ignore ce qu'il est devenu... j'ai seulement appris qu'il portait un nouveau nom, et que monsieur de Lobriais était maintenant le comte d'Arnetal...

Mme CAVALON.

Et on n'a pu vous dire ce qu'il était devenu ?

CLAUDE, *amèrement.*

Non... Oh! si je m'étais présenté en équipage, peut-être bien qu'on se serait donné de la peine pour le retrouver; mais des gueux comme moi, ah bien ! oui, on leur dit : *cherchez !...* Pour les richards, vous savez, un porte-blouse, c'est pas un homme !... *****

* Claude, Pemperlot, Mme Cavalon.

** Claude, Mme Cavalon, Pemperlot.

*** Mme Cavalon, Pemperlot, Claude.

**** Mme Cavalon, Claude, Pemperlot.

***** Claude, Pemperlot, Mme Cavalon.

PEMPERLOT.

C'est la vérité...

Mme CAVALON, *avec conviction.*

Et moi, je dis que c'est pas vrai ! non, c'est pas vrai ! et vous en avez bien eu la preuve pendant la maladie, puisque vous avez vu ici madame Henriette...

CLAUDE.

Madame Henriette ?

Mme CAVALON.

Oui, une grande dame qui s'est faite garde-malade par bon cœur !

CLAUDE.

Et de qui donc ?

Mme CAVALON, *hésitant.*

De qui ? mon Dieu, d'une pauvre voisine qui se trouvait sans ressources...

CLAUDE.

Ici ?

Mme CAVALON.

Oui, et faut avoir vu comme moi madame Henriette la soigner avec l'amitié d'une fille !... Aussi, hier soir, après son départ, quand la mourante a senti sa tête se brouiller, elle m'a appelée près d'elle et elle m'a dit : « Madame Cavalon, quand la digne créature qui m'a secourue reviendra, j'aurai peut-être fini de souffrir et je veux vous laisser pour elle un souvenir... »

CLAUDE.

Un souvenir... *

Mme CAVALON, *continuant.*

« Voici la petite croix d'argent que j'ai reçue autrefois en présent de noces ; c'est tout ce qui me reste de ma jeunesse et de mon bonheur... vous la lui remettrez... »

CLAUDE.

Et cette croix ?

Mme CAVALON.

Cette croix, elle l'a détachée elle-même, elle me l'a remise... et la voici... (*Elle tend une croix à Claude.*)

CLAUDE, *la regardant.*

Montrez !... Ah ! ces deux mains unies... ces noms gravés...

____

* Pemperlot, Claude, Mme Cavalon.

(*il lit*) Julien, Catherine !... Mais cette croix, c'est celle de ma mère !...

Mme CAVALON, *à Pemperlot.*

Il l'a reconnue.

CLAUDE, *éperdu et laissant tomber la croix.*

De ma mère !... Mais alors ce que vous disiez là... cette pauvre femme... Ah ! madame Cavalon, parlez, achevez... ma mère !... Non, c'est impossible ! ma mère !... Ah ! je veux la voir !... (*Il veut s'élancer vers le rez-de-chaussée à droite.*)

Mme CAVALON, *voulant le retenir.*

Claude, arrêtez !

CLAUDE.

Non...

PEMPERLOT, *voulant le retenir.*

Rien qu'un mot...

CLAUDE, *se dégageant.*

Laissez-moi, laissez-moi ! (*Il se précipite dans la pièce du rez-de-chaussée.*)

Mme CAVALON, *courant après lui.*

Je ne vous quitte pas, Claude...

CLAUDE, *poussant un cri.*

Ah !

SCENE XI.

ÉLODIE, FARANDOLE, Lorettes (*celles-ci ont paru au fond vers la fin de la scène précédente ; elles ne sont plus en costume de bal masqué*); PEMPERLOT.

ÉLODIE.

Dieu ! quel cri !

PEMPERLOT.

Vous tourmentez pas... c'est la première vue, vous comprenez, quand on est pas averti, ça prend toujours sur les nerfs... (*Regardant.*) V'là le vieux et lui qui s'embrassent... ça va les consoler...

ÉLODIE.

Pauvre monsieur Claude !

PEMPERLOT.

C'est en voyant la petite croix de sa mère qu'il a deviné...

FARANDOLE.

Tiens, il l'a laissée tomber... (*Elle relève la croix.*)

PEMPERLOT.

La croix... donnez voir... c'est pour madame Henriette... je la lui porterai...

ÉLODIE.

Vous savez donc où elle demeure?

PEMPERLOT.

Non, mais on cherche...

ÉLODIE.

N'allez pas oublier la commission au moins...

PEMPERLOT.*

Par exemple ! un dépôt confié à mon honneur, c'est sacré... et puis il y aura un pour-boire...

ÉLODIE.

Ah ! c'est juste... **

FARANDOLE.

Voici monsieur Claude...

SCÈNE XII.

Les Mêmes, Mme CAVALON, *puis* CLAUDE *et* MORIN.

Mme CAVALON, *sortant la première.*

Allons, père Morin, allons... Monsieur Claude, emmenez-le.

CLAUDE, *soutenant son père.*

Oui, mon père... venez.. cette vue vous fait trop de mal... Venez un instant... que vous puissiez au moins respirer...

MORIN, *le pressant dans ses bras en pleurant.*

Claude ! mon fils ! mon enfant !...

CLAUDE, *le faisant asseoir sur le banc.*

Asseyez-vous là, mon père...

MORIN, *assis, attirant Claude à lui.*

Oui, toi du moins, tu me restes, je te revois !

CLAUDE, *aux genoux de Morin.*

Et je ne vous quitterai plus !... Ah ! pourquoi n'ai-je pas deviné le nouveau malheur qui nous menaçait... pourquoi avoir entrepris un voyage inutile...

* Élodie, Pemperlot, Farandole.
** Pemperlot, Élodie, Farandole.

MORIN, *se frappant le front.*

Inutile !... Ainsi, ce Henri de Lobriais a disparu... Plus d'espoir !... (*Il se cache la tête dans ses mains.*)

CLAUDE, *à genoux.*

Mon père, du courage !

Mme CAVALON.

Ah ! la pauvre mère Morin prévoyait bien que ça ne lui aurait servi à rien de se priver du bonheur de vous avoir près d'elle...

CLAUDE, *pleurant.*

Non... et elle est morte sans que j'aie pu l'embrasser une dernière fois !...

Mme CAVALON.

Elle ne s'en est pas moins occupée de vous jusqu'au dernier moment... cette nuit encore elle me répétait : « Dites à Claude que je le bénis... mais rappelez-lui qu'il ne doit avoir qu'une idée, qu'une volonté : sauver l'honneur de son père !... Quant à moi, je ne lui demande rien autre chose qu'un coin de terre au cimetière et une croix de bois pour lui rappeler où je suis... »

CLAUDE.

Ah ! je vous obéirai, ma mère !... Oui, quand ce serait au prix de ma vie ! je le jure devant votre lit de mort, votre dernier vœu sera accompli... vous aurez la place que vous avez choisie !...

MORIN.

Que dis-tu ?

CLAUDE.

Ah ! vous m'aiderez pour cela, mon père... Celle qui nous a aimés ne restera pas ainsi abandonnée... Voyez, pas même une draperie noire à cette porte, pas un cierge allumé, pas une couronne !... Mais me voici, ma mère, je vous conduirai moi-même à la tombe avec honneur !

MORIN, *qui s'est levé, lui saisit la main.*

Et sais-tu ce qu'il faut pour cela ?

CLAUDE.

Du courage ? j'en aurai !

MORIN, *avec explosion.*

Non, de l'argent !

CLAUDE, *reculant.*

Ah !

MORIN, *avec amertume.*

Au cimetière, c'est comme partout, il faut que les locataires payent!

CLAUDE, *avec égarement.*

Malheureux!... Il a raison, de l'argent, et je n'ai rien !

MORIN.

Alors, il n'y a que la fosse commune...

CLAUDE.[*]

Ah! jamais!... Non, c'est impossible, mon Dieu! mon Dieu! Mais n'y a-t-il donc aucun moyen, aucune ressource... Mais le sauvage a un coin de terre pour mettre ses morts!... (*Se jetant dans les bras de Morin.*) Ah! mon père!

Mme CAVALON.

Pauvre monsieur Claude !

ÉLODIE.

Et dire que ça arrive le mercredi des Cendres...

FARANDOLE.

Quand on n'a plus que des reconnaissances du Mont-de-piété.

ÉLODIE.

Encore, si j'avais ma montre... mais elle retarde de trente-cinq francs... Ah! mais il me reste ma chaîne... la voilà... prenez, monsieur Claude...

CLAUDE, *relevant la tête.*

Comment !

ÉLODIE, *lui saisissant la main et y mettant la chaîne.*

Ah! vous n'avez pas droit de refuser; c'est pas pour vous... (*montrant le rez-de-chaussée à droite*) c'est pour elle! (*Mouvement de Claude.*) Et toutes les autres feront comme moi...

TOUTES.

Certainement, de bon cœur !

MORIN.

Est-ce possible ?

CLAUDE.

Eh bien, oui!... oui, puisque nous sommes trop pauvres pour donner un cercueil à celle qui nous a aimés, venez, mon père, venez... et ne rougissez point, ne baissez pas les yeux... Pour

---

[*] Pemperlot, Élodie, Farandole, Claude, Morin, Mme Cavalon.

qui accomplit un devoir, il n'y a pas de honte !... (*Tenant Morin d'une main et tendant de l'autre son chapeau.*) Nous vous demandons l'aumône pour acheter une tombe à ma mère !

ÉLODIE.

J'ai encore un sachet. (*Elle le met dans la casquette de Claude.*)

FARANDOLE.

Moi, des boucles d'oreilles. (*Elle les met dans le chapeau.*)

CLÉOPATRE.

Moi, un bracelet.

Mme CAVALON.

Moi, une bague. (*Plusieurs autres jeunes filles qui sont descendues pendant la scène s'approchent tour à tour et déposent dans la casquette de Claude de menus bijoux et quelques pièces de monnaie : Claude va s'appuyer au puits en chancelant.*) *

PEMPERLOT, *à part.*

Sont-elles donnantes, sont-elles donnantes ! Oh ! les femmes... ça ne sait rien garder...

ÉLODIE.

Pourvu que ça suffise...

Mme CAVALON. **

Je peux demander au bijoutier d'en face, qui est un pays, et qui estimera le tout en conscience.

CLAUDE.

Oui, prenez, madame Cavalon : allez vous-même, vendez tout.

PEMPERLOT.

Pendant ce temps je passerai aux pompes funèbres, le bureau est en face. (*Pemperlot sort par la porte du fond à gauche, Mme Cavalon va vers la porte du fond à droite ; Morin est assis sur le banc, Claude est revenu près de lui et semble le consoler. Un groom en livrée, qui est entré à la fin de la scène, a parlé à Farandole et lui a remis une lettre ; la jeune fille, après avoir regardé l'adresse, appelle Élodie.*)

FARANDOLE.

Elodie, ma chère, on te demande.

* Claude, Farandole, Élodie, Mme Cavalon, Pemperlot, Morin (sur le banc).

** Claude, Mme Cavalon, Farandole, Elodie, Pemperlot.

ÉLODIE.

Moi...

FARANDOLE.

Une lettre à ton adresse.

ÉLODIE, *ouvrant la lettre.*

Qu'est-ce que c'est?... (*Elle voit la signature.*) Ah ! de la part du comte !

CLÉOPATRE.

Il ne t'a donc pas oubliée ?

ÉLODIE.

Grand Dieu ! il m'écrit qu'il m'attend chez moi...

FARANDOLE.

Il te donne un chez toi !

ÉLODIE.

Ah ! je savais bien que ses intentions étaient pures... et il m'envoie chercher par un groom... en équipage.... Farandole, vite, mon mantelet, mon chapeau...

FARANDOLE.

Voilà. (*Elle entre au rez-de-chaussée à gauche.*)

CLÉOPATRE , *à Elodie.*

Tu ne nous oublieras pas au moins ?

ÉLODIE.

Sois tranquille; le comte doit connaître une foule de banquiers et d'ex-fils de pairs de France... je te recommanderai !

CLÉOPATRE, *l'embrassant.*

Ah ! voilà une véritable amie.

SCÈNE XIII.

LES MÊMES, Mme CAVALON *à la porte du fond à droite avec des inconnus vêtus de noir.*

MORIN, *se levant.*

Rentrons, Claude. (*Montrant le rez-de-chaussée à droite.*) Notre place est là.

Mme CAVALON, *montrant Morin.*

Le voici, messieurs.

CLAUDE, *apercevant les nouveaux venus.*

Qu'y a-t-il ?

UN INCONNU, *à Morin*.

Vous êtes bien monsieur Morin, ancien tapissier ?

MORIN.

En effet, messieurs.

L'INCONNU.

Débiteur du sieur Lafond, qui a obtenu contre vous jugement.

MORIN.

Jugement !

L'INCONNU.

Que je viens exécuter.

MORIN *et* CLAUDE.

Vous !

L'INCONNU.

Au nom de la loi je vous arrête !

MORIN.

Dieu !

CLAUDE.

Ah ! mon père !... (*Ils se jettent dans les bras l'un de l'autre ; les inconnus s'approchent et les séparent... Pendant ce temps, de l'autre côté du théâtre, Farandole a apporté à Elodie son chapeau et son mantelet ; celle-ci prend congé de ses compagnes et dit au groom d'un ton de grande dame :*)

ÉLODIE.

A mon nouvel appartement !

L'INCONNU, *aux hommes qui conduisent Morin.*

En prison ! (*Les gardes du commerce emmènent Morin par la porte du fond, à droite ; Elodie sort avec le groom par la porte du fond, à gauche ; toutes les lorettes rentrent.*)

FARANDOLE, *qui a vu partir Élodie.* *

C'est égal, il y en a qui ont de la chance ; rencontrer comme ça un homme bien né qui fait votre bonheur.

CLÉOPATRE.

Et tu es sûre que c'est un comte ?

FARANDOLE.

Puisqu'en remettant le billet, le petit groom a dit que c'était de la part du comte d'Arnetal.

* Cléopàtre, Farandole, Claude sur le banc.

CLAUDE, *se retournant.*

D'Arnetal! qui a parlé du comte d'Arnetal?... Il est à Paris?

FARANDOLE.

Sa voiture était là tout à l'heure; elle vient de repartir.

CLAUDE.

Et vous savez ce qu'elle est devenue?

FARANDOLE.

J'ai entendu prononcer le nom de la rue de Varennes. (*Pyréné entre.*)

CLAUDE.

La rue de Varennes!... ah! je le trouverai!

PYRÉNÉ.

C'est donc le débiteur.?

CLAUDE.

Oui... Enfin, enfin! Ah! Pyréné, mon ami, cours à la prison, préviens mon père, dis-lui que tout espoir n'est point perdu!

PYRÉNÉ.

J'y vais!

CLAUDE.

Ah! mon Dieu! merci... Maintenant je crois à votre providence!...

ACTE II.

PREMIER TABLEAU.

L'HOTEL DE LA RUE DE VARENNES.

Le théâtre représente un salon élégant à pans coupés; la porte du fond s'ouvre sur une antichambre. Portes dans les pans coupés; porte à droite et à gauche; de ce côté un guéridon sur lequel sont des cigarettes et une lampe à cigares, fauteuils et chaises.

SCENE I.

PEMPERLOT, GERMAIN.

GERMAIN, *à Pemperlot.*

Madame la comtesse est sortie depuis ce matin avec Pernette.

PEMPERLOT.

Pernette! juste! c'est le nom de la femme de chambre de madame Henriette... Enfin, je l'ai trouvée, c'est pas malheureux; depuis que je trime pour ça.

GERMAIN.

Vous avez donc à lui parler?

PEMPERLOT.

En personne, vu que je lui apporte quelque chose qui lui a été légué par une de ses protégées...

GERMAIN.

Alors faut l'attendre. — Voici monsieur le Comte.

PEMPERLOT, *à part.*

Oh! un gentilhomme véritable et bon teint!... faut voir ça. (*Il se met à l'écart.*)

SCENE II.

PEMPERLOT, LE COMTE, GERMAIN.

LE COMTE, *à la cantonade.*

Vous ferez atteler le coupé, je vais sortir. — Germain! personne n'est venu me demander?

GERMAIN.

Pardon! le commis de monsieur Laurent vient de remettre cet écrin pour que monsieur le Comte prenne la peine de l'examiner.

LE COMTE, *ouvrant l'écrin.*

Ah!... je sais... (*A part.*) La fameuse parure d'opales... qu'Elodie veut me décider à lui acheter... mais ce juif de joaillier exige le payement immédiat... et il y a impossibilité... (*A Germain.*) Le commis est là?

GERMAIN.

Dans la petite antichambre. Il attend madame la comtesse à qui il rapporte ses diamants.

PEMPERLOT, *à part.*

Des diamants! (*Haut à Germain.*) *Pardon, excuse, monsieur le domestique, si j'allais attendre avec lui!

GERMAIN.

A votre aise. (*Montrant le pan coupé à droite.*) Voilà le corridor.

* Le Comte, Pemperlot, Germain.

2.

PEMPERLOT, *saluant.*

En vous remerciant. (*A part.*) Une parure de diamants, faut étudier ça. (*Il sort par la porte du pan coupé à droite.*)

GERMAIN.

Ah ! une voiture qui entre dans la cour. (*Il va à la porte du fond.*)

LE COMTE.

Qui vient donc là ?

GERMAIN.

C'est un ami de monsieur le comte. . monsieur Boquillard.

LE COMTE.

Ah ! ce cher Hercule... je parie qu'il cherche madame la comtesse.

SCÈNE III.

LE COMTE, BOQUILLARD, UN GROOM *portant des livres et de la musique,* GERMAIN.

BOQUILLARD.

Par ici, John, par ici... (*Voyant Germain.*) Dites donc, Germain, conduisez John, qu'il dépose dans le petit salon ces livres et cette musique nouvelle pour madame la comtesse... avec mon violon... il y a un accompagnement obligé, ça me donnera occasion de me trouver tête à tête avec elle. Ah !... mettez aussi ma carte de visite. (*Il donne une carte de visite qu'il corne.*) Manière ingénieuse de lui dire d'où vient la surprise... A son retour elle trouvera la musique sur le piano, les livres sur le guéridon.

SCÈNE IV.

LE COMTE, BOQUILLARD.

LE COMTE, *se montrant.*

Et ils lui parleront de vous ?

BOQUILLARD, *tressaillant.*

Oh ! le comte.

LE COMTE.

Savez-vous, mon cher, que vous êtes un vrai Lovelace ?

BOQUILLARD.

Comment !

LE COMTE.

Vous voulez décidément vous faire adorer de madame la comtesse.

BOQUILLARD.

Moi ! quelle idée.

LE COMTE.

Mais elle n'est pas tant sotte, l'idée... Vous vous êtes dit :
J'ai beau être riche, on me trouve immensément ridicule...

BOQUILLARD, *blessé.*

Plaît-il ?

LE COMTE.

On peut s'avouer ces choses-là à soi-même.—Il faudrait quelque circonstance qui me relevât aux yeux des gens bien nés. Si je
pouvais devenir l'amant d'une grande dame, cela me donnerait
une certaine figure dans le monde; on me supposerait quelque
mérite et j'aurais pour envieux tous ceux qui maintenant se mo-
quent de moi... c'est-à-dire tout le monde.

BOQUILLARD, *blessé.*

Mais, mon cher,..

LE COMTE.

C'est toujours vous qui parlez... En conséquence, vous vous
êtes mis à entourer la comtesse de mille séductions; vous lui avez
envoyé des fleurs rares, des romances nouvelles, des albums
splendides...

BOQUILLARD, *à part.*

Qui lui a dit...

LE COMTE.

Malheureusement on a tout reçu sans y prendre garde, absolument comme si la chose fût venue de moi... car vous savez
que je ne jouis pas de plus de crédit que vous auprès de la comtesse.

BOQUILLARD, *riant.*

Et il me semble que vous ne vous en inquiétez guère, vu que
vous cherchez ailleurs des distractions.

LE COMTE.

Eh bien, c'est ce qui vous trompe. On ne tient pas à sa femme,
mais on est humilié qu'elle ne tienne pas à vous. Je ne puis
accepter que ce mariage auquel on s'est soumis soit devenu une
simple alliance de noms.

BOQUILLARD.

Au fait, vous êtes séparés de biens.

LE COMTE.

Aussi, en voyant cette persistance de froideur, j'ai pensé parfois qu'il y avait quelqu'un de plus heureux.

BOQUILLARD.

Et vous avez cru que c'était moi ?

LE COMTE.

Du tout... Oh ! je vous rends trop justice pour cela ; * mais s'il était vrai qu'un autre fût écouté, si je pouvais en avoir la preuve ! Alors, oh ! alors ce serait à mon tour de briser l'implacable orgueil de la comtesse, de lui faire payer ses longs dédains.

BOQUILLARD.

Et vos vieux créanciers.

LE COMTE.

Hein ?

BOQUILLARD.

Ecoutez donc, mon bon, cela presse ; vos affaires sont très-embrouillées, et je suis déjà en avance de deux cent mille francs.

LE COMTE.

Boquillard, mon bon, savez-vous que vous êtes insupportable ?

BOQUILLARD.

Mon cher, je suis homme d'affaires, et vous avez un système d'administration qui m'effraye... toujours plus de dépense que de recette !... Les ministres des finances prétendent que cela enrichit une grande nation ; mais les particuliers, ça les conduit infailliblement à l'hôpital.

LE COMTE, *arrangeant une cigarette.*

En attendant, nous allons passer la soirée au cabaret.

BOQUILLARD.

Comment ?...

LE COMTE.

Avez-vous donc oublié la partie projetée à ce fameux tapis-franc de la Cité ?. .

BOQUILLARD, *arrangeant une cigarette.*

Au *Saumon d'argent.* . c'est juste... depuis les *Mystères de Paris*, il paraît que tous les gens du monde vont voir ça... on dit que c'est superbe! rien que des faussaires, des assassins et des voleurs! la meilleure mauvaise société de Paris. — Mais, dites-moi, êtes-vous sûr qu'il n'y ait point de danger?

* Boquillard, le Comte.

LE COMTE.

A moins que vous ne comptiez vous faire annoncer.

BOQUILLARD.

Au fait, on ne nous connaîtra pas... nous serons déguisés en prolétaires... comme le prince Rodolphe... eh! eh!... ça sera très-amusant.

SCÈNE V.

BOQUILLARD, *assis à gauche*, PEMPERLOT, *entrant par le pan coupé à droite*, LE COMTE, *assis à droite*.

PEMPERLOT, *à part*.

Je viens de le voir entrer, il pourra me dire... (*Apercevant le Comte et Boquillard.*) Ah! pardon, excuse, messieurs... ne vous dérangez pas, c'est pour madame Henriette...

BOQUILLARD.

Comment! madame Henriette!...

PEMPERLOT.

Non, madame la comtesse, je veux dire... c'est que j'ai l'habitude de l'appeler par son nom de dame de charité.

LE COMTE.

Eh bien?

PEMPERLOT.

Eh bien, comme j'étais là-bas à l'attendre, en regardant par la fenêtre, j'ai vu entrer son parent... et je voulais lui demander si madame la comtesse allait bientôt venir, vu que je suis pressé.

BOQUILLARD.

Comment, que veut-il dire? quel parent?

PEMPERLOT.

Eh bien, parbleu! le jeune monsieur qui la suit toujours.

LE COMTE, *vivement*.

Un jeune homme, dis-tu?

PEMPERLOT.

Oh! un bien beau cavalier, qui a l'air de lui être dévoué de tout cœur.

LE COMTE, *se levant vivement*.

Et tu dis que tu viens de le voir entrer à l'hôtel?

PEMPERLOT.

Je croyais le trouver ici. (*Il est remonté vers le fond et il re-garde.*) Tenez, le voilà dans le vestibule.

LE COMTE.

Monsieur de Barville !

BOQUILLARD.

Le commandant !

SCENE VI.

LES MÊMES, LA COMTESSE, *entrant par la porte du premier plan à droite.*

LA COMTESSE, *qui a entendu les exclamations du Comte et de Boquillard, à part.*

Qu'est-ce donc ?

LE COMTE, *vivement à Pemperlot.*

Et tu es sûr de l'avoir vu avec la Comtesse ?

PEMPERLOT.

Toutes les fois qu'elle venait au faubourg du Temple.

LA COMTESSE, *avec saisissement, à part.*

Ah !

PEMPERLOT, *qui regarde dans le vestibule.*

Le voilà qui appelle mademoiselle Pernette !

LE COMTE, *vivement.*

Il lui remet une lettre.

LA COMTESSE.

Dieu !... (*Tous se détournent et l'aperçoivent.*)

LE COMTE *et* BOQUILLARD.

Madame la Comtesse !

PEMPERLOT, *à part.*

Qu'est-ce qu'il y a donc ?

LE COMTE, *très-vivement, à Pemperlot.*

Laisse-nous !

PEMPERLOT, *à part.*

Est-ce que j'aurais fait quelque bêtise ?...

LE COMTE, *avec emportement.*

Nous laisseras-tu ?

PEMPERLOT.

Tout de suite. (*Il rentre par le pan à droite.*)

LA COMTESSE, *allant vivement au Comte.*

Pardon, monsieur, il faut que je vous parle...

BOQUILLARD.

Je me retire.

LE COMTE, *le retenant vivement.*

Du tout, je tiens à avoir un témoin.

LA COMTESSE, *très-troublée.*

Monsieur le Comte, de grâce...

LE COMTE.

Un témoin... (*montrant le vestibule*) et une preuve, car Pernette va nous l'apporter.

LA COMTESSE, *faisant un mouvement pour se précipiter à la rencontre de Pernette.*

Ah !

LE COMTE, *se jetant devant elle.*

Restez, madame, et pas un geste, pas un mot, il est désormais trop tard.

SCÈNE VII.

BOQUILLARD, LE COMTE, PERNETTE, *entrant étourdiment et ne voyant d'abord que la Comtesse.*

PERNETTE, *une lettre à la main.*

Madame la Comtesse, c'est une lettre de monsieur de Barville.

LE COMTE, *s'avançant vivement entre elle et la Comtesse.*

Donne !

PERNETTE, *voulant retenir la lettre.*

Mais, monsieur...

LE COMTE, *la lui arrachant.*

La donneras-tu !

PERNETTE, *effrayée.*

Monsieur le Comte... (*Le Comte lui montre la porte à gauche, à part.*) Oh ! mon Dieu, ma maîtresse ! (*Le Comte lui fait un geste impérieux. Elle sort.*)

SCÈNE VIII.

BOQUILLARD, LE COMTE, LA COMTESSE.

LE COMTE, *revenant à la Comtesse avec un geste de triomphe.*

Voilà donc ce que je cherchais depuis si longtemps...

LA COMTESSE.

Comment ! ce que vous cherchiez !

LE COMTE.

Oui, madame, ce qu'il me fallait pour prendre une revanche ; ce qui devait me faire justice d'une vertu si hautaine, ce que j'attendais pour arracher votre masque !

LA COMTESSE.

Monsieur !

LE COMTE.

Enfin, cette lettre va nous révéler le mystère de votre retraite obstinée, de vos secrètes visites sous les plus pauvres toits ; nous allons apprendre comment le chevet du malade vous servait de lieu de *rendez-vous...*

LA COMTESSE, *l'interrompant.*

Monsieur, je vous en conjure, écoutez-moi...

LE COMTE, *montrant la lettre.*

C'est à vous d'écouter, madame !

LA COMTESSE, *très-troublée.*

Non, monsieur... Cette lettre... ah ! ne l'ouvrez pas (*le Comte en brise le cachet*), ne lisez pas... devant un étranger...

LE COMTE.

Écoutez...

LA COMTESSE, *s'appuyant à un fauteuil, à part.*

Ah ! je suis perdue !

LE COMTE, *lisant.*

« Madame, j'ai fait ce que vous m'aviez ordonné, et vos » craintes se sont réalisées... Lors de son premier voyage en » France, monsieur le comte d'Arnetal portait bien le nom de » Henri de Lobriais... Je vous adresse la liste des créances aux- » quelles il a oublié de faire honneur... »

BOQUILLARD.

Comment ?

LA COMTESSE, *à part.*

Dieu !

LE COMTE, *continuant à lire.*

« Monsieur Fauvel, que j'ai vu, vous envoie la somme desti- » née à payer celle du tapissier Morin.   MARCEL.   »

BOQUILLARD.

Il n'y a rien de plus ?

LE COMTE.

Rien.

BOQUILLARD, *regardant.*

Que des billets de banque? (*Il les prend.*) Ainsi, c'est pour payer vos dettes que tous les deux s'entendent?

LE COMTE, *en regardant la Comtesse et avec un accent de colère concentrée.*

Du moins, on peut le croire...

BOQUILLARD.

Comment! le croire; mais c'est certain, puisque vous dites qu'il n'y a rien autre chose... Et vous qui aviez des soupçons !... et moi qui étais près de les partager ! Oh! madame la comtesse, que d'excuses...* une femme qui paye en secret les dettes de son mari... Monsieur le comte, c'est un ange! et il ne vous reste qu'à tomber à ses genoux!

LE COMTE.

Auparavant, madame la comtesse voudra bien m'expliquer ce qui lui faisait craindre la lecture de cette lettre devant un étranger...

LA COMTESSE.

Monsieur le comte ne regrette-t-il point maintenant qu'elle ait été lue?

BOQUILLARD.

Au fait, il s'agit de dettes *oubliées*... Ça ne peut pas être une recommandation pour ceux qui vous prêtent.

LE COMTE, *déchirant la lettre avec une rage mal contenue, à part.*

Allons... il est dit que tout doit tourner contre moi. **

LA COMTESSE.

Au reste, monsieur, ce qui vient de se passer m'autorise à vous adresser une prière. Puisque mes intentions ont été révélées malgré moi à monsieur le comte, je lui demanderai de vouloir bien se charger de la mission que j'avais dû confier à la discrétion de monsieur de Barville...

COMTE.

Et pourquoi madame la comtesse ne la continuerait elle pas elle-même?

* Le Comte, Boquillard, la Comtesse.

** Boquillard, la Comtesse, le Comte.

3

LA COMTESSE.

Parce que je quitte Paris, monsieur.

BOQUILLARD.

Ah !

LE COMTE.

Vous, madame?

LA COMTESSE.

Je ne me plains point des soupçons de monsieur le comte ; mais il me permettra, sans doute, de les lui épargner en cherchant une retraite plus profonde. Je comptais passer l'été aux Jonchères, je m'y rendrai dès demain.

LE COMTE.

Mais, madame...

LA COMTESSE, *saluant.*

Je prie monsieur le comte de recevoir mes adieux !... (*Elle sort par la porte du premier plan à gauche.*)

SCÈNE IX.

Les Mêmes, *excepté* LA COMTESSE.

LE COMTE, *avec dépit.*

Encore un espoir trompé ! (*Il va s'asseoir à droite.*)

BOQUILLARD.

Et elle va partir ! (*à part*) sans que je sois plus avancé que le premier jour !

LE COMTE.

Avoir cru tenir une preuve et n'être arrivé qu'à une humiliation !

BOQUILLARD.

Permettez, permettez, il y a une compensation ; les billets de banque vous sont restés ! (*Il les montre.*)

LE COMTE.

Eh ! que m'importe ?

BOQUILLARD.

Vrai ! vous n'y tenez pas ? Eh bien, alors, mon cher, je les prends en déduction des deux cent mille francs...

LE COMTE, *se levant.*

Du tout... (*Il reprend les billets.*) Je leur trouverai un meilleur placement.

SCENE X.

LE COMTE, GERMAIN, BOQUILLARD.

GERMAIN.

Il y a là le commis du joaillier qui redemande la parure d'opales
que j'ai remise à monsieur le comte.

LE COMTE.

La parure ! Eh ! pardieu ! voilà ce qu'il me faut. Dis-lui que
je la garde.

BOQUILLARD.

Comment ?

LE COMTE, *donnant les billets de banque à Germain.*

Et que je paye comptant... (*Germain sort.*)

BOQUILLARD.

Quoi ! avec l'argent ?

LE COMTE.

De la comtesse... Je lui devrai ainsi la reconnaissance d'Élodie ! Que dites-vous de cela, mon bon ? (*Il s'assoit à gauche.*)

BOQUILLARD.

C'est très-fort... (*A part.*) Décidément il faut que je prenne
mes précautions ; je le ferai poursuivre.

GERMAIN, *rentrant.*

Il y a là aussi un jeune ouvrier qui demande monsieur le
comte.

LE COMTE.

Moi?...

GERMAIN.

Ça a l'air d'un fournisseur qui vient pour être payé.

LE COMTE.

Je n'y suis pas, je n'ai rien... (*Germain sort.*) Ces drôles nous
croient cousus d'or... (*A Boquillard.*) Venez, mon cher, je
remettrai cela en passant chez Élodie.

SCENE XI.

LES MÊMES, CLAUDE.

CLAUDE, *au dehors.*

Puisqu'il y est, je veux le voir.

GERMAIN.

C'est impossible...

CLAUDE, *paraissant dans l'antichambre.*

Je vous dis que j'entrerai, moi !

GERMAIN, *le retenant.*

Vous n'entrerez pas !

LE COMTE.

Qu'est-ce que c'est que ce bruit ?

CLAUDE, *apercevant le Comte et Boquillard.*

Ah !

GERMAIN.

C'est cet homme qui veut voir de force monsieur le comte.

LE COMTE.

Comment ?...

CLAUDE, *vivement en s'avançant.*

Ah ! c'est monsieur ?

LE COMTE, *avec hauteur.*

Et qui vous a permis d'entrer malgré mes ordres ?

BOQUILLARD.

C'est d'une audace !

CLAUDE, *avec déférence.*

Excusez-moi... C'est vrai que je n'aurais pas dû violer la con-
signe de monsieur le comte ; mais je le cherche depuis si longtemps !

LE COMTE.

Moi !

CLAUDE.

Du reste, si ces messieurs sont occupés, j'attendrai. (*Il recule
vers la porte.*)

LE COMTE.

Que voulez-vous ? voyons ! (*Germain sort.*)

CLAUDE, *regardant Boquillard.*

Pardon, la chose ne regarde que monsieur le comte seul.*

BOQUILLARD.

Oh ! (*Il fait un mouvement pour sortir.*)

* Le Comte, Claude, Boquillard.

LE COMTE, *le retenant.*

Ne bougez donc pas. (*Ironiquement.*) Croyez-vous, par hasard, que j'aie quelque secret avec monsieur? (*A Claude.*) Dépêchez. (*Il s'assoit à gauche.*)

CLAUDE.

Eh bien, puisque monsieur le comte le veut, je lui dirai que je viens pour le mémoire des objets fournis par le tapissier Morin à monsieur Henri de Lobriais.

LE COMTE, *tressaillant.*

Ah!

CLAUDE.

Le changement de nom de monsieur le comte avait empêché jusqu'ici de le retrouver.

BOQUILLARD, *à part.*

C'est la créance dont s'est occupée madame la comtesse !

LE COMTE, *à Claude avec une défiance dédaigneuse.*

Et vous êtes bien sûr, l'ami, que je vous dois?

CLAUDE.

Si je suis sûr?... mais j'ai les billets de monsieur le comte, signés de son ancien nom...

LE COMTE.

Oh ! pardieu! tout le monde en a de mes billets. Je les aurai signés sans regarder à ce Morin, qui doit être, comme tous ses pareils, quelque fripon...

CLAUDE, *tressaillant, avec force.*

Monsieur le comte... c'est mon père !

LE COMTE.

Ah!... Soit... mais cela ne justifie pas la créance.

CLAUDE.

J'apporte toutes les preuves à l'appui. Voici les lettres de monsieur le comte, les reçus, les mémoires...

LE COMTE.

Et que voulez-vous que je fasse de cela?

CLAUDE.

Mais pour vérifier...

LE COMTE, *se levant.*

Je n'ai pas le temps... je ne puis vous payer maintenant... vous reviendrez plus tard.

BOQUILLARD.

Oui, plus tard.

CLAUDE.

C'est impossible !

LE COMTE.

Comment ?

CLAUDE, *se contenant.*

Pardon. Mais cet argent est indispensable à mon père. Songez, monsieur le comte, qu'il est ruiné, en prison, menacé d'une condamnation pour banqueroute. Cet argent peut seul le sauver, il y compte, il y a droit ; il l'attend depuis six années, et je ne sortirai pas d'ici sans l'avoir.

LE COMTE.

Plaît-il ?...

BOQUILLARD. *

Permettez... Vous dîtes six années ?...

CLAUDE.

J'en apporte la preuve. (*Il présente les papiers.*)

BOQUILLARD.

Mais dans ce cas, il y a prescription !

CLAUDE.

Que dites-vous ?

BOQUILLARD.

Sans doute ! le moyen de vérifier des fournitures si tardivement... la loi a prévu la chose article 2272 : L'action des marchands pour ce qu'ils fournissent aux particuliers se prescrit par une année. (*Au comte.*) Vous ne devez absolument rien. (*Il rend les papiers à Claude.*)

CLAUDE, *saisi.*

Rien !

LE COMTE.

Alors, de quoi ce drôle vient-il me rompre les oreilles ?

CLAUDE, *très-ému.*

Comment ! mais cela ne se peut pas... Monsieur le comte ne parle pas sérieusement... il ne voudrait pas nier sa dette... il ne peut pas refuser son salaire à un ouvrier, profiter de la loi pour le dépouiller.

* Le Comte, Boquillard, Claude.

LE COMTE, *d'un ton blessé.*

Hein ?

CLAUDE.

Oh ! je ne veux pas blesser monsieur le comte... il voit bien que
je tâche de rester calme... et cependant je pourrais lui dire que,
faute de cette somme qui lui était due, mon père se débat depuis six ans contre sa ruine, que depuis six ans il cherche en vain
partout monsieur Henri de Lobriais, que moi-même je suis allé
pour cela à Marseille, sans argent, à pied, et à mon retour, j'ai
trouvé mon père que l'on conduisait en prison, ma mère que l'on
clouait dans sa bière !

LE COMTE.

Tout cela, mon cher, ne change rien aux dates...

BOQUILLARD.

Puisqu'on vous dit qu'il y a prescription.

CLAUDE, *les suivant.*

Mais, messieurs...

LE COMTE.

C'est inutile.

CLAUDE, *avec plus de force.*

Songez cependant...

BOQUILLARD, *impatienté.*

Ah ! nous laisserez-vous à la fin?

CLAUDE, *jetant sa casquette avec colère.*

Non, je ne vous laisserai pas !

LE COMTE.

Comment ?

BOQUILLARD.

Qu'est-ce que c'est ?

CLAUDE, *exaspéré.*

Parce que je me suis fait violence pour vous parler chapeau
bas, vous avez cru qu'on pourrait me mettre le talon sur la
gorge ; vous avez répondu à mes humilités par des violences !
Eh bien! tant mieux... De vous faire des politesses, ça me pesait
sur le cœur... j'aime mieux la guerre!... Entre vous et moi
c'est plus naturel.

LE COMTE, *ricanant.*

Je crois qu'il me menace.

CLAUDE, *s'animant.*

Ah ! on vient vous rappeler vos dettes d'honneur, que vous

n'avez pas eu le temps de payer, et vous répondez en montrant la porte ; on vous dit qu'à cause de vous, il y a un honnête homme menacé du bagne, et vous dites de revenir une autre fois ; qu'il y a une pauvre femme de plus dans le cimetière, et vous regardez son épitaphe comme une quittance ! vous espérez vous cacher derrière le code pour nous voler impunément... (*Pemperlot paraît au pan coupé de droite.*)

LE COMTE.

Ah ! c'est trop fort !... A moi ! quelqu'un !... (*Il sonne à droite.*)

CLAUDE, *hors de lui.**

Oui, appelez, sonnez, vos gens n'ont qu'à venir ; vous croyez que je suis de ceux qu'on entortille ou qu'on effraye ; mais voilà trop longtemps que je me révolte dans mon cœur... ma patience est usée ; depuis six ans, le désespoir m'aigrit, la colère m'étouffe... Malheur à qui me poussera à bout !...

SCÈNE XII.

LES MÊMES, GERMAIN, DOMESTIQUES.

LE COMTE, *aux domestiques.*

Saisissez ce drôle !

CLAUDE, *reculant.*

Qu'ils essayent !...

LE COMTE.

Vite, qu'on le jette à la porte !

CLAUDE, *saisissant une chaise.*

Le premier gueux qui approche, je le démolis !

PEMPERLOT, *courant à lui.***

Claude ! qu'est-ce que tu fais ?...

CLAUDE, *hors de lui.*

Laisse-moi... laisse-moi... il faut que je me venge !

PEMPERLOT.

Non... (*Bas.*) Il faut que tu les fasses payer. Il y a un moyen de les forcer...

CLAUDE.

Un moyen ?

---

* Boquillard, Claude, le Comte.
** Boquillard, le Comte, Claude, Pemperlot.

PEMPERLOT.

Viens... tu auras ton argent ce soir !

CLAUDE.

Ce soir !

PEMPERLOT.

Viens ! (*Claude pousse un cri, regarde Pemperlot qui lui prend la main et l'emmène au milieu des valets qui le laissent passer, du Comte qui le regarde sortir d'un air hautain, et de Bequillard qui s'écarte effrayé.*)

DEUXIÈME TABLEAU.

Le théâtre représente l'intérieur d'une taverne mal famée ; au fond, vers la gauche, deux cabinets particuliers. A droite la vue s'étend sur une salle meublée par des tables, des bancs et des jeux en usage dans les tapis-francs. A la droite du théâtre le comptoir et une porte de service, à gauche une petite table et la porte d'entrée. Au moment où le rideau se lève, tout est garni de gens qui boivent et qui jouent ; Mme Ango est au comptoir ; trois domestiques vont et viennent pour le service.

SCENE I.

LA MÈRE ANGO, RIGOULARD, *puis* PYRÉNÉ *et* FARAN-DOLE, BUVEURS.

UN BUVEUR, *à la table à gauche.*

Un litre de petit bleu, mère Ango.

LA MÈRE ANGO, *donnant un pot de vin à un domestique.*

Enlevez...

RIGOULARD, *au comptoir.*

Une tournée d'absinthe, mère Ango.

LA MÈRE ANGO, *servant.*

Voilà ! mon petit.

UNE VOIX, *au fond.*

Vite donc, le gras-double !

LA MÈRE ANGO.

On y va.

RIGOULARD, *apercevant Pyréné qui entre en donnant le bras à Farandole.*

Eh ! c'est le beau Pyréné ! *

* Farandole, Pyréné, Rigoulard.

3.

PYRÉNÉ.

Tiens ! Rigoulard ! tu es donc de retour de ton voyage à Toulon ?

RIGOULARD.

Chut ! parlons pas de géographie.

PYRÉNÉ.

Compris !

RIGOULARD.

Mais comment que tu viens au *Saumon d'argent*, toi; tu es donc plus dans les bégueules ?

PYRÉNÉ.

Que veux-tu, faut bien travailler. (*Montrant Farandole.*) Quand on est établi... (*Présentant Farandole et la faisant passer devant lui.*) Madame Pyréné...

RIGOULARD.

Tiens, au fait, sais-tu que t'as là un joli petit établissement ? (*Il veut prendre Farandole par la taille.*)

FARANDOLE, *se dégageant.*

Eh bien ! eh bien !...

RIGOULARD.

Oh !... on est chipie... Excusez ! (*Les buveurs qui étaient à la table de gauche sont partis.*)

FARANDOLE, *qui a pris Pyréné à part.*

Où m'avez-vous menée, monsieur Pyréné ?

PYRÉNÉ.

Tu le vois, c'est ici le café de Paris de la *haute pègre*, un endroit où les industriels non patentés font des affaires comme à la Bourse.

FARANDOLE, *bas.*

Dites donc ! mais ça a l'air d'une caverne de filous.

PYRÉNÉ.

Puisque je te dis que c'est comme à la Bourse... — Mais tu sais bien que nous sommes convenus de faire fortune ?

FARANDOLE.

Et tu viens ici pour ça ?

PYRÉNÉ.

Oui, je veux parler à Larigole, qui m'avait proposé une affaire.

FARANDOLE.

Mais il n'y est pas.

PYRÉNÉ.

Je vais le chercher. Tu nous attendras dans un cabinet particulier en préparant un vin chaud chicardinos. — Eh! la mère Ango, nous allons prendre le petit cabinet marron!

LA MÈRE ANGO.

Impossible, mon fils, il est retenu.

PYRÉNÉ.

Ah! et par qui donc?

LA MÈRE ANGO.

Inconnus les locataires; mais ça boit du liquide cacheté, ça fume des cigares à douze sous, et ça a un ton plus canaille que vous autres.

FARANDOLE.

Ça ne peut être alors que des jeunes gens bien nés.

LA MÈRE ANGO.

Mais le numéro 7 est vacant.

PYRÉNÉ.

Va pour le numéro 7. (*Il donne le bras à Farandole.*)

FARANDOLE.

C'est égal, je voudrais bien savoir qui sont ces particuliers si cossus. (*Pyréné fait entrer Farandole dans le second cabinet, puis disparaît.*)

SCÈNE II.

CLAUDE *et* PEMPERLOT, *entrant par la gauche*, LA MÈRE ANGO, *au comptoir.*

CLAUDE.

Où me mènes-tu? laisse-moi...

PEMPERLOT.

Non, viens, faut se reposer et se rafraîchir; depuis trois heures que nous courons chez les gens de loi, les jambes me rentrent dans l'estomac et ça me gêne.

CLAUDE.

Et à quoi bon toutes ces courses? À savoir que le comte avait le droit de nier sa dette... que le Code était pour lui... (*Il se laisse tomber sur un tabouret devant la petite table.*)

PEMPERLOT.

Ça, je m'en doutais... La justice, vois-tu, ça court trop vite; pour l'attraper, faut être en équipage.

CLAUDE, *avec désespoir.*

Mais que faire alors?

PEMPERLOT.

Que faire?... Dîner d'abord, mon vieux, et après on verra... (*A part.*) Le garçon est solide, adroit, pas encore connu de la police... C'est juste mon affaire. (*S'approchant du comptoir.*) Eh! la mère Ango, c'est moi qui régale, il nous faut du chenu, j'y mettrai le prix; donnez-moi un arlequin de six sous.

LA MÈRE ANGO, *lui tendant une assiette.*

Tiens, mon chéri, en voilà un premier numéro; une tête de poisson, deux pattes de lièvre, un morceau de charlotte russe et un reste de vinaigrette. Ça vient de la table d'un de nos représentants... un fameux.

PEMPERLOT.

Alors c'est un arlequin politique! Très-bien, mère Ango; avec ça donnez-moi deux sous de fromage, une botte de radis et du rouge à huit, comme s'il en pleuvait.

LA MÈRE ANGO, *au domestique.*

Servez, Jonathas!

PEMPERLOT, *à part, regardant Claude la tête dans ses mains.*

Il a déjà le cœur enragé, nous allons le chauffer à blanc et faudra bien qu'il morde. (*Revenant à la table.*) Allons, Claude, un peu de zing, ma fille, reprenons courage et buvons un coup. *

CLAUDE.

Je n'ai pas soif!

PEMPERLOT.

Ah! dis donc, tu vas pas me faire affront, après le service que je t'ai rendu! car sans moi tu te faisais pincer là-bas, mon petit... Injures, voies de fait, ça te conduisait à la correctionnelle...

CLAUDE, *tressaillant.*

Moi!

PEMPERLOT.

Sois donc calme, j'en parlerai pas. (*Trinquant.*) A ta santé.

---

* Pemperlot, Claude, la mère Ango, au comptoir.

(*Claude boit.*) Après ça, faut être juste, t'as pas de chance, non !
Te voir refuser ce qu'on te doit, et encore être reçu comme un
chien dans une contre-danse... Car, sais-tu qu'ils t'ont crânement
mécanisé ! (*Il verse.*)

CLAUDE, *impatienté.*

Crois-tu que je l'aie oublié ?...

PEMPERLOT.

Non, ce que j'en dis, c'est pour que tu y penses plus... A ta
santé... (*Claude boit.*) Mais si j'étais de toi, vois-tu, je me ven-
gerais.

CLAUDE.

Et comment ?

PEMPERLOT.

En faisant fortune ! il n'y a que ça dans le monde. Le travail,
la probité, à quoi que ça t'a servi ? à avoir un livret de bon ouvrier. Va donc un peu l'offrir au Mont-de-piété, pour voir ; on
t'en donnera pas cinquante centimes... (*Il verse.*)

CLAUDE.

Ah ! je le sais...

PEMPERLOT.

Tu le sais, n'est ce pas ?... A ta santé... (*Claude boit.*) Au
lieu de ça, sois un gredin, et deviens riche ! Tu auras une maison
de campagne, des lapins, un abonnement au journal, tu seras,
enfin, parmi les honnêtes gens. (*Il verse.*)

CLAUDE, *avec colère.*

Pourquoi me rappelles-tu tout cela ?

PEMPERLOT.

Moi, ce que j'en dis, c'est pour te consoler... A ta santé.
(*Claude boit.*) Vois plutôt le bonhomme Morin, la crème des
bons cœurs, on peut le dire ; il a travaillé quarante ans pour
assurer un morceau de pain et de fromage à ses vieux jours !
Eh bien, il a des malheurs, et v'là que tout le monde lui tombe
dessus, on le poursuit, on l'emprisonne, on le traite comme un
brigand...

CLAUDE.

Assez, tais-toi !

PEMPERLOT.

C'est-il vrai, oui ou non ?

CLAUDE.

Mais tu veux donc me rendre fou de désespoir ? Pourquoi me

rappeler un malheur auquel je ne puis rien ; pourquoi m'avoir
arraché de là-bas en me trompant ; pourquoi m'avoir dit que tu
pouvais me faire payer quand c'était faux ?

PEMPERLOT, *bas.*

Qu'en sais-tu ?

CLAUDE.

Comment ! tu aurais un moyen ?...

PEMPERLOT, *bas.*

De rendre à ton père la liberté, l'aisance, le repos, de t'en-
richir toi-même !

CLAUDE, *vivement.*

Moi !... Ah ! que faut-il faire pour cela ?

PEMPERLOT.

Il faut... il faut avoir un peu de toupet.

CLAUDE.

Comment ?

PEMPERLOT.

Quand la loi ne défend pas notre droit, nous devons le défendre nous-mêmes, pas vrai ? Quand on ne nous rend pas justice,
c'est à nous de la faire.

CLAUDE.

Que veux-tu dire ?

PEMPERLOT.

Je veux dire que ce gueux qui te refuse les quinze mille francs
qu'il te doit, a chez lui pour trente mille écus de diamants !

CLAUDE.

Eh bien ?

PEMPERLOT.

Eh bien, il faut être accommodant ; puisqu'il ne veut pas te
payer en monnaie, tu n'as qu'à te payer toi-même en bijoux.

CLAUDE.

Hein ?... mais ce serait un vol !

PEMPERLOT.

Du tout... pour toi c'est une restitution. D'ailleurs, si tu as
des scrupules, tu ne prendras que ce qui t'est dû, je garderai
tout le reste ! Tu vois que je suis bon enfant.

CLAUDE, *se levant.*

Non, c'est impossible !

PEMPERLOT, *se levant.*

Songe que t'as pas d'autre moyen pour ton père et pour toi.

CLAUDE.

Non, plutôt la prison pour lui, la misère pour moi.

PEMPERLOT.

Ecoute, Claude !

CLAUDE, *voulant sortir.*

Laisse-moi. (*Pyréné entre.*)

PEMPERLOT.

Où vas-tu?

CLAUDE.

Dire à mon père qu'il n'y a plus rien à espérer, rien à attendre.

SCÈNE III.

Les Mêmes, PYRÉNÉ, *se montrant.* *

PYRÉNÉ.

Minute ! tu ne lui diras pas ça !

CLAUDE.

Pourquoi ?

PYRÉNÉ.

Parce qu'il n'y a que l'espoir d'être payé par le comte qui l'a décidé à vivre.

CLAUDE.

Mon père ?

PYRÉNÉ.

Tu sais bien qu'hier tu m'as envoyé lui annoncer la chose?..

CLAUDE.

Eh bien ?

PYRÉNÉ.

Eh bien ! quand je suis arrivé, sais-tu à quoi je l'ai trouvé occupé ?

CLAUDE.

A quoi donc ?...

PYRÉNÉ.

A se donner quittance générale et définitive... au moyen de sa cravate attachée aux barreaux de la prison.

CLAUDE.

Dieu !

* Pyréné, Claude, Pemperlot.

PYRÉNÉ, *montrant la cravate.*

Je l'ai détachée moi-même et la voilà. S'il n'y a plus d'espoir, s'il ne compte plus sur rien, il recommencera, je t'en avertis.

CLAUDE.

Ah! c'est donc là ce qu'il voulait me dire quand il m'a crié, au moment où je le quittais, que cet argent était sa vie!

PEMPERLOT.

C'est clair!

CLAUDE.

La vie de mon père!... Mais que lui dire, alors? comment prévenir son désespoir? Ah! tout est donc conjuré contre moi? Il y a une malédiction sur nous! (*Il se rasseoit en cachant son visage dans ses mains.*)

PEMPERLOT, *à part, en se frottant les mains.*

Ça va bien, ça va bien...

SCÈNE IV.

Les Mêmes, FARANDOLE, *sortant du cabinet.**

FARANDOLE.

Ah bien! en v'là une aventure! (*A Pyréné.*) Vous ne soupçonnez pas, mon cher, quels sont les particuliers qui se gobergent dans le cabinet marron?

PYRÉNÉ.

Tu les as vus?...

FARANDOLE.

Et entendus... Il y a d'abord M. Boquillard.

PEMPERLOT.

Le banquier!

FARANDOLE.

Avec le protecteur d'Élodie.

CLAUDE.

Le comte d'Arnetal?

FARANDOLE.

Juste.

CLAUDE, *se levant.*

Lui!... ah! c'est le ciel qui me l'amène!

* Claude, assis à gauche, Pyréné, Farandole, Pemperlot.

PYRÉNÉ.

Que veux-tu faire?...

CLAUDE, *courant à la porte du cabinet.*

Tu vas le voir...

PEMPERLOT, *à part.*

Faut le laisser se compromettre. *

CLAUDE, *voulant ouvrir le cabinet.*

La porte est fermée !

FARANDOLE.

Ils m'auront reconnue.

CLAUDE, *frappant.*

Ouvrez !

LE COMTE, *du dedans.*

Que voulez-vous ?

CLAUDE.

Le comte d'Arnetal.

LE COMTE, *du dedans.*

Il n'est pas ici...

PEMPERLOT.

C'est sa voix.

CLAUDE.

La feinte est inutile, monsieur le comte ; on sait que vous êtes là... ouvrez !

LE COMTE, *du dedans.*

Allez au diable !

CLAUDE.

Ah ! il faudra bien que vous m'écoutiez, quand je devrais briser cette porte. (*Il frappe plus fort.*)

PEMPERLOT.

C'est ça, faut le forcer à sortir. (*Il frappe.*)

PYRÉNÉ.

Au fait, je ne serais pas fâché de le voir. (*Il frappe.*)

SCÈNE V.

LES MÊMES, LA MÈRE ANGO.

LA MÈRE ANGO.

Eh bien ! eh bien! qu'est-ce que vous faites là ?...

* Pemperlot, Claude, Pyréné, Farandole.

CLAUDE, PEMPERLOT *et* PYRÉNÉ, *frappant.*

Ouvrez !

LA MÈRE ANGO.

Voulez-vous bien finir ?...

PEMPERLOT. *

Vous mêlez pas de la chose, mère Ango, ou il y aura des éclaboussures.

LA MÈRE ANGO.

Ah ! brigands ! vous voulez démolir ma propriété.... Ici, Jonathas, Nicolas, Chérubin !... (*Les garçons entrent.*)

LES GARÇONS.

Voilà, bourgeoise !

PEMPERLOT, *appelant les buveurs.*

Brrr... à nous les francs lurons !

SCÈNE VI.

Les Mêmes, RIGOULARD, une foule de Buveurs.

RIGOULARD.

Qu'est-ce que c'est... qu'est-ce qu'il y a ?...

LA MÈRE ANGO.

Ça ne vous regarde pas.

PEMPERLOT.

Au contraire ; il s'agit de faire sortir des gants jaunes qui sont venus au *Saumon d'argent* pour nous narguer.

TOUS.

Oh !...

LA MÈRE ANGO.

C'est pas vrai !

PEMPERLOT.

Ils sont là... ils refusent d'ouvrir ; à preuve qu'ils nous méprisent.

PYRÉNÉ.

Avec ça qu'ils boivent du vin bouché et qu'ils fument du Maryland.

TOUS.

Gueusards !

* Claude, Pyréné, Pemperlot, la mère Ango.

PEMPERLOT.

S'ils ne sortent pas, faut tout enfoncer...

TOUS.

Oui, oui !...

LA MÈRE ANGO , *aux garçons.*

Vite, mes enfants, sauvons la recette ! (*Elle court au comptoir, écarte des habitués qui veulent ouvrir le tiroir, et, aidée de ses garçons, sort avec l'argent... Les buveurs ont saisi des pots, des tabourets, des bancs.*)

PYRÉNÉ, *à Farandole.*

Farandole, il va y avoir de la casse, gare devant ! (*Il la fait sortir par la droite.*)

PEMPERLOT.

Allons les enfants, *la Parisienne* !

En avant, marchons!

Tous se précipitent vers la porte du cabinet pour la briser; la porte s'ouvre, le Comte paraît avec Boquillard; les buveurs s'arrêtent.

SCÈNE VII.

Les Mêmes, LE COMTE, BOQUILLARD.

LE COMTE, *tranquillement.*

Eh bien, quoi donc, messieurs, on se fâche !

RIGOULARD, *à Pemperlot.*

Il a une montre et une chaîne d'or.

PEMPERLOT, *à Rigoulard.*

C'est des mouchards; il faut tomber dessus.

RIGOULARD, *retroussant ses manches.*

C'est ça, je vas commencer le jeu. (*Il marche sur le Comte.*)

LE COMTE, *tirant des pistolets.*

Alors je montre mes cartes...

RIGOULARD , *reculant.*

Oh !...

PEMPERLOT, *reculant.*

Il a de l'atout.

CLAUDE, *s'approchant.*

Laissez !... c'est à moi de parler à M. d'Arnetal.

LE COMTE.

Eh! je ne me trompe pas... c'est notre créancier de là-bas.

CLAUDE.

Et cette fois, j'espère que vous l'écouterez... (*Mouvement du Comte.*) Il le faut, monsieur le comte; car cette somme que vous devez à mon père, quand vous avez refusé de la payer ce matin, ce n'était pour lui que la ruine; ce soir, c'est le déshonneur et la mort... Et pour le sauver je suis décidé à tout.

LE COMTE.

Des menaces! Allons donc... (*Il fait un mouvement.*)

CLAUDE.

Oh! ne cherchez pas à m'échapper... vous n'êtes plus ici dans votre hôtel de la rue de Varennes, vous ne pouvez plus me faire jeter dehors par vos gens... Ici, je n'ai pas seulement mon droit, j'ai la force!... Voyez, je suis entouré de ceux que vous venez voir comme des bêtes fauves!... Eh bien, la cage est ouverte, monsieur le comte, et vous voilà à notre merci... Livré à des gens qui vous rendent en haine ce que vous leur donnez en mépris, croyez-moi, ne m'obligez pas à demander leur aide, car tous sont prêts à me faire rendre justice...

TOUS.

Oui, oui !... *

RIGOULARD.

A bas les gants jaunes !... Ils ont des montres.

BOQUILLARD, *bas au Comte.*

Payez, mon cher, payez, je vous en prie...

LE COMTE, *bas.*

Taisez-vous donc... (*Haut avec calme.*) Ainsi ce sont ces messieurs qui doivent juger entre nous?

PEMPERLOT.

Ça lui chiffonne le tempérament...

LE COMTE.

Nullement... je les accepte très-volontiers pour arbitres...

BOQUILLARD, *à part.*

Qu'est-ce qu'il dit ?

LE COMTE.

Voyons, vous êtes tous des gens d'esprit, et la preuve c'est

* Claude, Pemperlot, Rigoulard, Pyréné, le Comte assis sur une table à droite, Boquillard.

que vous êtes brouillés avec la société qui est composée de
niais... Or, vous êtes trop au-dessus des préjugés, n'est-ce pas,
pour vouloir qu'un comte se regarde comme d'une autre pâte
que vous-mêmes ?

RIGOULARD.

Parbleu !

PEMPERLOT.

C'est clair.

TOUS.

Certainement !

LE COMTE.

Eh bien, franchement, est-ce qu'il y a parmi vous des imbéciles qui payent leurs dettes ?

TOUS.

Ah !

PEMPERLOT.

Par exemple !

PYRÉNÉ.

Pour qui nous prend-il ?

LE COMTE.

Alors, messieurs, pourquoi voulez-vous que je paye les
miennes ?

PYRÉNÉ.

Tiens, c'est vrai, ce serait une distinction...

TOUS.

C'est juste !

CLAUDE.

Comment !

LE COMTE.

Et quand je les payerais, qu'est-ce qu'il vous en reviendrait ?

RIGOULARD.

Au fait, ça ne nous rapporterait rien...

CLAUDE.

Monsieur le comte...

LE COMTE, *l'interrompant et élevant la voix.*

La seule dette que je reconnaisse est celle que j'ai contractée
en venant vous visiter, je dois payer ma bienvenue... et je le
fais... — Garçon !...

JONATHAS.

Monsieur ?

LE COMTE, *lui jetant sa bourse.*

Un panier de champagne pour ces messieurs...

JONATHAS.

Du champagne !

CLAUDE.

Un moment ..

BOQUILLARD, *jetant sa bourse au garçon.*

Et du punch à discrétion.

TOUS.

Ah ! bravo !

RIGOULARD.

Vive les deux aristos !

LE COMTE, *à Boquillard.*

Vite, gagnons la porte. (*Il va vers la gauche.*)

CLAUDE.

Non... ah ! vous ne m'échapperez pas ainsi !

RIGOULARD, *le retenant.*

Allons, pas de bêtises, il faut être polis avec ceux qui ré-
galent...

TOUS.

Certainement...

CLAUDE, *le repoussant.*

Arrière, ivrogne !

RIGOULARD.

Ah ! il veut faire le méchant...

TOUS.

Voyons, la paix ! (*On entraîne Claude à droite.*)

CLAUDE, *se débattant.*

Me laisserez-vous, brigands que vous êtes... Cette somme, il
me la faut, il me la faut !...

LE COMTE, *à la porte à gauche.*

Eh bien, pardieu, mon cher, trouvez-la... Ces messieurs vous
diront qu'un homme d'esprit est le créancier de tout le monde ;
il ne demande jamais rien... et ce qu'il lui faut, il le prend...

CLAUDE.

Ah !

TOUS, *riant.*

Très-bien ! ah ! ah ! ah ! (*Le Comte sort avec ses compagnons.*)

PEMPERLOT, *bas à Claude.*

Tu vois, il te défie...

CLAUDE.

Oui.

PEMPERLOT.

Prends-le au mot...

CLAUDE, *éperdu.*

Moi !

PEMPERLOT.

Ce soir, les diamants peuvent être à nous... mais tu n'as qu'un moment pour décider si ton père doit vivre ou mourir...

CLAUDE.

Mourir ! oh ! non !

PEMPERLOT.

Alors, tu viendras ?

CLAUDE.

Eh bien...

PEMPERLOT.

Eh bien ?

CLAUDE.

J'irai !... (*Pyréné présente un verre de punch à Claude ; il le saisit avec égarement. Tableau. La toile tombe.*)

ACTE III.

LA CROIX D'ARGENT.

Le théâtre représente une pièce très-luxueusement ornée à plusieurs pans. — Au fond, une fenêtre à balcon garnie de rideaux donnant sur un jardin ; à droite, deux portes ; une porte et une fenêtre à gauche. — Guéridons et lampes allumées. — A gauche, entre la fenêtre et la porte, un prie-dieu ; à droite, une psyché.

SCENE I.

LA COMTESSE, *assise à gauche, puis* PERNETTE.

LA COMTESSE.

Oui... il faut partir... le hasard a trompé les soupçons du comte sans les dissiper... il faut partir pour lui... pour Marcel...

pour moi-même... Mais partir, mon Dieu, sans l'avoir même revu! (*Apercevant Pernette qui entre.*) Ah! que voulez-vous, Pernette?

PERNETTE.

Pardon, madame la comtesse, c'est qu'il y a là monsieur de Barville...

LA COMTESSE, *vivement.*

Marcel!

PERNETTE.

Il venait seulement pour avoir des nouvelles de madame la comtesse; mais je lui ai dit de rester... et il attend...

LA COMTESSE, *l'embrassant vivement.*

Ah! bonne fille!

PERNETTE, *avec gaieté.*

Alors ma marraine permet qu'il entre?

LA COMTESSE.

Oui; mais pas un mot de notre départ.

PERNETTE.

Bien. (*Elle va ouvrir la porte du premier plan à droite, fait entrer Marcel, puis sort.*)

LA COMTESSE, *à part.*

Mon Dieu! encore cette joie! ce sera la dernière.

SCÈNE II.

LA COMTESSE , MARCEL.

MARCEL, *entrant vivement.*

Ah! madame la comtesse! je n'osais point espérer de vous voir, et cependant j'en avais besoin.

LA COMTESSE.

Pourquoi donc cela?

MARCEL.

J'ai si rarement la joie de vous trouver seule, de pouvoir vous entretenir comme autrefois.

LA COMTESSE.

Monsieur de Barville!

MARCEL.

Oh! ne craignez rien; je ne veux vous parler ce soir que de eureux hasard qui m'arrive.

LA COMTESSE.

Comment?...

MARCEL.

Vous connaissez ce pavillon isolé dont le jardin vient là, jusque sous les fenêtres de l'hôtel... (*Il montre la fenêtre du fond.*) Il était inoccupé ; eh bien, à partir d'aujourd'hui, c'est moi qui l'habiterai.

LA COMTESSE.

Vous !

MARCEL, *avec gaieté.*

Je deviens votre voisin... comme autrefois dans notre chère colonie... il me semble que je vais retrouver tous les plaisirs du passé. Songez donc que je partagerai, pour ainsi dire, toutes les habitudes de votre vie, je verrai votre lumière s'allumer et s'éteindre ; je suivrai votre ombre gracieuse sur les rideaux, j'écouterai les airs que vous chanterez, j'entendrai le murmure lointain de votre voix !... et tout cela sans que votre prudence puisse s'alarmer ni se plaindre ! n'est-ce pas, dites-moi, une véritable faveur du ciel?...

LA COMTESSE, *troublée, avec effroi.*

Mon Dieu ! pourquoi vous complaire dans un pareil projet... qui sait s'il pourra se réaliser longtemps? (*Elle vient s'asseoir à droite.*)

MARCEL, *vivement.*

Y voyez-vous donc un obstacle? Vous déplairait-il?

LA COMTESSE, *embarrassée.*

Je ne dis point cela.

MARCEL, *avec expansion.*

Ah ! s'il était vrai, ne me le cachez pas. Vous ne pouvez ignorer que ma plus chère envie est de faire ce que vous voulez. Fallût-il renoncer à toutes ces joies que je m'étais promises, chasser ce doux fantôme du passé, m'éloigner de vous, je suis prêt !

LA COMTESSE, *se levant et passant à gauche.*

Ah! c'est trop...

MARCEL, *saisi.*

Qu'avez-vous, au nom du ciel! vous souffrez.

LA COMTESSE.

Oh ! plus que je ne puis dire.

MARCEL, *vivement.*

Et vous ne m'avertissez pas ! Je vous raconte là mes rêves

comme un enfant ; j'ai la cruauté de vous retenir quand vous avez besoin de repos. (*Il prend son chapeau.*)

LA COMTESSE, *avec effort.*

Ainsi... vous partez !... (*Elle lui tend la main.*) Marcel !...

MARCEL, *saisissant vivement la main de la Comtesse.*

Henriette !

LA COMTESSE, *d'une voix étouffée.*

Adieu !

MARCEL, *très-tendrement.*

Non... dites au revoir !... comme vous le disiez autrefois... lorsqu'en me quittant vous me donniez la fleur que vous aviez portée tout le jour.

LA COMTESSE.

Ah !... (*Elle détache de sa ceinture son bouquet de violettes et le présente vivement à Marcel.*)

MARCEL.

Dieu ! Henriette !

LA COMTESSE.

Taisez-vous, voici Pernette. (*Pernette paraît à la porte de droite.*)

MARCEL, *à voix basse.*

Ah ! vous êtes bonne comme Dieu ! (*La Comtesse lui fait un signe d'adieu sans pouvoir parler.*) A demain ! (*Il baise la main de la Comtesse, et sort par le pan coupé à droite.*)

PERNETTE, *à part.*

Pauvre monsieur Marcel.

LA COMTESSE.

Demain ! (*Elle se laisse tomber dans un fauteuil.*)

PERNETTE.

Pardon, il y a encore là quelqu'un qui demande à parler à madame la comtesse.

LA COMTESSE.

A moi ?... plus tard !...

PERNETTE.

C'est l'homme qui a apporté à ma marraine ce dernier souvenir de la mère Morin.

LA COMTESSE.

Ah !... (*Avec effort.*) Eh bien... dis-lui de venir.

PERNETTE, *voyant Pemperlot qui ouvre la porte à droite.*
Le voici qui vient tout seul.

SCENE III.

LES MÊMES , PEMPERLOT.

PEMPERLOT.
Pardon, excuse, la compagnie.*

LA COMTESSE.
Vous avez à me parler?

PEMPERLOT.
Voilà la chose, madame la comtesse, c'est une affaire de conscience.

LA COMTESSE.
Comment cela?

PEMPERLOT.
Quand madame la comtesse venait voir la mère Morin que le
bon Dieu lui fasse miséricorde, est-ce qu'elle n'a rien perdu?

LA COMTESSE.
Moi... je ne sais... quelque bijou peut-être.

PERNETTE.
Non, ils sont tous dans l'écrin de madame la comtesse. *(Elle
entr'ouvre l'écrin qui est sur le guéridon.)*

PEMPERLOT, *à part.*
L'écrin est là! bravo!

LA COMTESSE.
Alors, je ne puis savoir...

PEMPERLOT, *d'un ton aimable.*
Au fait, madame la comtesse n'est pas somnambule pour deviner... mais elle doit se rappeler qu'elle avait un livre de
prières.

PERNETTE.
Garni de vermeil.

LA COMTESSE.
Avec mon chiffre et mon écusson.

PEMPERLOT, *le tirant de dessous sa blouse.*
Ça doit être ça...

* Pernette, la Comtesse, Pemperlot.

LA COMTESSE.

En effet, vous l'avez trouvé ?...

PEMPERLOT.

Près du lit de la mère Morin... et je m'ai dit sur le coup : un particulier qui engagerait ça au Mont-de-piété hériterait peut-être d'une pièce de dix balles; mais toi, Pemperlot, rappelle-toi que t'es un ami de l'ordre et de la propriété... et dare, dare, j'ai attelé mes souliers pour rapporter l'objet à son domicile légitime.

PERNETTE.

Ah! quelle probité, madame!

LA COMTESSE.

Et vous êtes ouvrier, mon ami?

PEMPERLOT.

Oui, madame la comtesse... ouvrier... en déménagement... et je puis dire que j'ai le goût de mon état... Quand je trouve à travailler, j'y passe toutes les nuits... Du reste, faut bien ça... quand on a une épouse douée de huit enfants.

PERNETTE.

Huit enfants!

LA COMTESSE.

Ah! le pauvre homme.

PERNETTE.

Dieu! la pauvre femme.

LA COMTESSE.

Pernette... allez chercher ma bourse... (*A Pemperlot.*) Veuillez attendre, mon ami... (*Pernette entre à gauche.*)

PEMPERLOT.

Ça suffit, madame la comtesse. (*La Comtesse se lève, quitte le guéridon en feuilletant un livre et passe à droite; Pemperlot regarde autour de lui.*)

PEMPERLOT, *à part.*

Allons, ça ira!... Claude est décidé!... ç'a pas été sans peine; v'là quatre heures que je le chauffe à l'estaminet!... Mais la colère, la douleur et le cognac, ça a fini par lui exalter le moral... Il ne s'agit plus que de veiller au grain... et de connaître l'état des lieux... (*Il regarde autour de lui.*) Tout est bien ici comme je croyais. (*Il regarde la fenêtre au fond.*) Cette fenêtre donne sur le jardin d'à côté... (*Il regarde à la fenêtre.*) Claude doit être là. (*Il siffle doucement.*)

LA COMTESSE, *qui entend, se détourne.*

Hein?... Quel est ce bruit ?

PEMPERLOT, *qui s'est éloigné vivement de la fenêtre.*

Plaît-il ?...

LA COMTESSE.

On a sifflé. (*Montrant la fenêtre.*) C'était là...

PEMPERLOT.

Du côté du jardin... Ah! je comprends, alors ce sont les merles... Ils chantent toujours comme ça au commencement de la nuit... (*Claude siffle au dehors.*)

LA COMTESSE.

Écoutez encore...

PEMPERLOT.

Madame la comtesse voit bien que c'est au dehors. (*A part.*) Il est à son poste.

PERNETTE, *rentrant avec la bourse.*

Voici.

LA COMTESSE.

Donnez à ce brave homme.

PEMPERLOT.

Ah! madame la comtesse... c'est trop d'honnêteté. (*Il tâte la bourse, à part.*) Quatre roues de cabriolet... ça fait vingt balles !... (*Haut.*) Que le bon Dieu vous le rende, madame la comtesse, je vas le prier pour vous avec mes sept enfants...

PERNETTE.

Comment! tout à l'heure vous disiez huit...

PEMPERLOT, *embarrassé.*

Hein?... (*Se ravisant.*) Oh! oui... oui, mais il y en a un tout petit qui ne sait pas encore parler... En remerciant madame la comtesse...

LA COMTESSE.

Adieu, mon ami.

PEMPERLOT.

Le paradis que je lui souhaite, avec la santé à la fin de ses jours. (*Il entre dans la chambre à gauche.*)

PERNETTE.

Eh bien, eh bien, où va-t-il donc? chez madame la comtesse ?

4.

PEMPERLOT.

Ah! pardon, excuse, c'est la chambre à coucher. (*A part.*) Bon à savoir.

PERNETTE, *fermant la porte.*

Par l'autre porte...

PEMPERLOT.

J'y vas, mam'selle... (*A part.*) A cette heure je connais mon affaire. (*Il se dirige vers la porte du pan coupé à droite.*) Vous dérangez pas pour moi. (*Il sort.*)

SCENE IV.

LA COMTESSE, PERNETTE.

PERNETTE.

Quel honnête homme! ... Mais comme il est laid! tandis qu'il y a tant de mauvais sujets qui sont jolis garçons. Ça fait beaucoup de tort à la vertu, ça, madame! (*La Comtesse, qui est à la fenêtre au fond, ne l'écoute pas.*) Parlez-moi de monsieur Marcel... en voilà un qui lui fait honneur...

LA COMTESSE, *vivement.*

Ah! tu trouves?

PERNETTE

Oh! il est si charmant et si bon; aussi, moi, je lui suis dévouée... presque autant qu'à vous, madame.

LA COMTESSE.

Bonne Pernette! (*Elle s'assoit, Pernette la décoiffe et l'arrange pour la nuit.*)

PERNETTE.

Quel malheur qu'il ne puisse pas nous suivre aux Jonchères! il aurait continué à seconder madame la comtesse dans ses bonnes œuvres... Car là, c'est comme à Paris; tous les malheureux la connaissent...

LA COMTESSE.

Assez, Pernette.

PERNETTE, *ôtant la pèlerine.*

Pardon, ma marraine, c'est que je pense toujours malgré moi à tout le bien que vous avez fait, chaque fois que j'aperçois la petite croix léguée par cette pauvre mère Morin...

LA COMTESSE, *regardant la croix d'argent qu'elle porte au cou.*

Catherine... Ah! oui, pauvre femme! elle croyait m'envoyer un talisman contre la douleur!... Hélas!...

PERNETTE.

Ma marraine...

LA COMTESSE.

Laisse-moi, Pernette. (*Elle lui donne la petite croix que Pernette met avec les bijoux.*)

PERNETTE.

Madame la comtesse n'a besoin de rien ?

LA COMTESSE.

De rien... Je me déshabillerai seule... Va... (*Pernette sort par la droite.*)

SCÈNE V.

LA COMTESSE *seule, après avoir essuyé une larme.*

Allons ! je suis folle de m'abandonner ainsi à ces défaillances de cœur... Je devrais reprendre courage... et je ne puis... J'étais si accoutumée à la présence de Marcel ! J'en avais fait la compensation de toutes mes souffrances !... Et ne plus le voir !... (*Se levant avec impétuosité.*) Ah ! je ne veux pas m'arrêter à cette pensée... Non... je ne le dois pas !... mon Dieu ! Oh ! mon cœur bat à se briser... mon front brûle... Ah ! de l'air... de l'air... (*Elle court à la fenêtre de gauche, s'y accoude et y reste la tête dans ses mains.*)

SCÈNE VI.

LA COMTESSE, *à la fenêtre à gauche,* CLAUDE, *entrant par la fenêtre du fond, une lanterne sourde à la main.*

CLAUDE, *à la fenêtre du fond.*

De la lumière... (*regardant*) mais il n'y a personne... Pemperlot veille en bas... (*Il fait quelques pas dans la chambre en chancelant un peu.*) Allons, tâchons de nous reconnaître... Il m'a fait boire et ça m'a étourdi... Mais j'ai là une rage qui me soutiendra ! Ah ! ils ont voulu me voler !... Eh bien, moi, je les vole !... Il me faut les diamants... Voyons, rappelons-nous ce que Pemperlot a dit... Dans la première chambre, c'est bien ici... Sur le guéridon, c'est par là... (*Il s'avance vers le guéridon, aperçoit la Comtesse et recule.*) Oh ! quelqu'un ! (*Il se cache derrière la psyché à droite ; la Comtesse quitte la fenêtre et vient au guéridon.*) C'est la comtesse ! pourvu qu'elle ne reste pas ! (*La Comtesse va vers le prie-Dieu à gauche.*) Non, elle va rentrer chez elle. Eh bien, que fait-elle donc... elle prie... Oh ! (*Il détourne la tête.*) J'en avais pas vu de femme prier depuis ma mère... Elle pleure ! elle qui a un hôtel, qui est jeune, qui est belle... Les riches pleurent donc aussi... (*La Comtesse se lève du prie-Dieu, prend la bougie, et rentre dans la chambre à gauche.*) Pauvre femme... (*Nuit. Léger sifflement au dehors.*) Ah! il s'impatiente là-bas, lui... Voyons, il ne s'agit pas de réfléchir... (*il démasque sa lanterne sourde; demi-lumière*) l'écrin est de ce côté... ça doit être ce coffret... Oui, voilà des colliers, des bracelets et une petite croix, une simple croix d'argent, avec deux mains unies... comme celle... Oh! ça ne se peut pas. (*Il s'approche de la lanterne.*) Deux noms gravés au-dessous. (*Il prend la lanterne.*) Dieu! JULIEN et CATHERINE! (*Il laisse tomber la lanterne. Nuit.*) C'est elle, j'en suis sûr... Comment se trouve-t-elle ici?

LA COMTESSE, rentrant avec de la lumière.

Quel est ce bruit?

CLAUDE.

La comtesse!

LA COMTESSE.

Un homme!

CLAUDE.

Silence, madame!

LA COMTESSE, gagnant la fenêtre à gauche.

N'approchez pas... au secours!

CLAUDE.

Silence, si vous tenez à la vie!

LA COMTESSE, allant à la fenêtre du fond.

A moi!... au secours! au secours!

CLAUDE, très-troublé, la poursuivant.

Vous ferez arriver un malheur, madame... Madame, vous me perdez...

LA COMTESSE, s'arrêtant.

Ah!... — Comment êtes-vous ici? Qu'y faites-vous? que cherchez-vous?

CLAUDE.

Madame... répondez-moi d'abord... Cette croix... (*il la montre*) elle vous a été donnée, n'est-ce pas? *

LA COMTESSE.

Qui vous a dit...?

---

* Claude, la Comtesse.

CLAUDE.

C'est le don d'une pauvre mourante que vous avez secourue?

LA COMTESSE.

La vieille Catherine.

CLAUDE.

Vous vous rappelez son nom?

LA COMTESSE.

Mais vous-même, d'où la connaissez-vous...

CLAUDE.

Moi!... C'était ma mère!

LA COMTESSE.

Dieu! alors vous êtes Claude, ce fils dont elle m'entretenait sans cesse. Ah! que me voulez-vous? Parlez, je suis prête à vous entendre, parlez! vous êtes venu sans doute pour me demander appui.

CLAUDE

Non, madame la comtesse.

LA COMTESSE.

Et pourquoi donc?

CLAUDE.

Je suis venu... pour vous voler!

LA COMTESSE, *reculant.*

Ciel!

CLAUDE, *montrant l'écrin.*

Ce coffret, je le savais ici.... j'allais l'emporter.

LA COMTESSE.

Et vous osez m'avouer...

CLAUDE.

Oui... car je ne sais pas ce qui s'est passé en moi; mais tout à l'heure, quand je vous ai vue prier, j'ai senti là comme une secousse; tous les souvenirs d'enfance m'ont traversé le cœur; je résistais encore; mais maintenant que j'ai reconnu cette croix; oh! maintenant, madame la comtesse, je sens que je n'ai plus de force pour le mal; maintenant il me semble que ma mère est entre nous, qu'elle me regarde avec ses yeux si doux, qui pour colère n'avaient que de la tristesse, qu'elle vous montre à moi de sa vieille main tremblante, qu'elle me dit... qu'elle me dit de vous demander pardon. (*Il tombe à genoux.*)

LA COMTESSE.

Que faites-vous ?

CLAUDE.

Maintenant vous pouvez appeler, vous pouvez me livrer, je ne me défendrai pas.

LA COMTESSE.

Levez-vous, je le veux ; levez-vous, malheureux ! qui a pu vous conduire à une pareille action ?

CLAUDE.

Le désespoir et la haine, madame la comtesse. Ah ! vous ne savez pas ce que c'est qu'une injustice dont on ne peut pas se défendre... Alors, voyez-vous, on fait comme le faible battu par un plus fort, on prend ce qu'on a sous la main pour se venger, et quand on ne peut rien honnêtement, on essaye le mal !

LA COMTESSE.

Mais quelle injustice avez-vous donc subie ?

CLAUDE.

Aujourd'hui même, dans cet hôtel, je suis venu réclamer à monsieur le comte d'Arnetal une dette sacrée.

LA COMTESSE.

Ah ! eh bien ?

CLAUDE.

Eh bien, il m'a chassé !

LA COMTESSE.

Ciel !

CLAUDE.

Ma tête s'est perdue... tout ce qu'il y avait en moi de chagrin et de colère s'est révolté... Je n'ai plus pensé qu'à mon père en prison, à ma mère, pour laquelle il m'a fallu mendier un cercueil...

LA COMTESSE.

Que dites-vous ? C'est impossible.

CLAUDE.

Comment ?

LA COMTESSE.

Moi-même j'ai remis l'argent nécessaire au voisin de cette digne femme. (*Pemperlot paraît sur le balcon du fond.*)

CLAUDE.

A Pemperlot !

LA COMTESSE.

Aurait-il abusé de ma confiance ?

CLAUDE.

Pemperlot... ah! je comprends tout. — Démon! pour faire un brigand du fils, il a commencé par voler la mère.

SCENE VII.

Les Mêmes, PEMPERLOT, *sautant sur le théâtre.*

PEMPERLOT.

C'est pas vrai !

LA COMTESSE, *passant à gauche.*

Dieu !

CLAUDE, *courant le saisir.*

Lui!... ah! il faudra bien qu'il avoue.

PEMPERLOT, *se débattant, avec précipitation.*

A bas les mains, j'ai entendu des pas sous le balcon... Vite aux diamants Claude!

CLAUDE.

Jamais!

PEMPEROT.

Alors, part à moi tout seul. (*Il veut s'élancer vers le guéridon.*)

CLAUDE, *arrêtant Pemperlot.*

Tu n'y toucheras pas.

PEMPERLOT.

Comment, double gueux! tu caponnes!

CLAUDE.

Vite, madame la comtesse, emportez le coffret, entrez là, enfermez-vous. *

PEMPERLOT.

Ah! brigand, tu trahis ! (*Le frappant d'un couteau.*) Tiens!

CLAUDE.

Ah !...

LA COMTESSE, *reculant, avec un cri.*

Dieu ! (*Elle tombe sur le prie-Dieu.*)

PEMPERLOT.

Il a son affaire. (*Il veut s'élancer vers la Comtesse.*)

CLAUDE, *l'arrêtant.*

Pas encore !...

* La Comtesse, Claude, Pemperlot.

PEMPERLOT, *se débattant.*

Me laisseras-tu ?

CLAUDE, *luttant.*

Non !

PEMPERLOT.

Il faudra donc t'achever ?

CLAUDE.

Essaye. (*Ils ont gagné, en luttant, le fond, et disparaissent sur le balcon.*)

SCENE VIII.

Les Mêmes, MARCEL, PERNETTE, Domestiques.

MARCEL, *au dehors.*

Je l'ai vu monter chez madame la comtesse.

LA COMTESSE, *revenant à elle et entendant la voix de Marcel.*

Ah !... à moi !... à moi !...

MARCEL, *s'élançant vers elle.*

Henriette !

LA COMTESSE.

Marcel ! (*Elle tombe dans ses bras, Claude reparaît chancelant sur le balcon.*)

CLAUDE.

Il m'a échappé.

TOUS.

Le voilà ! le voilà !

MARCEL.

Arrêtez cet homme.* (*On se précipite sur Claude qui jette son couteau.*)

LA COMTESSE, *vivement.*

Non... c'est lui qui m'a défendue.

MARCEL.

Mais comment se trouvait-il ici, à cette heure ?

LA COMTESSE.

Il s'y trouvait... par mon ordre ; Claude fait désormais partie de ma maison !

CLAUDE, *éperdu.*

Se peut-il ! ah ! madame la comtesse ! (*Bas.*) Et qui vous répondra de moi ?

* Claude, la Comtesse, Marcel, Pernette.

LA COMTESSE, *lui donnant la petite croix d'argent.*
La croix de votre mère !

ACTE IV.

PREMIER TABLEAU.

LE GARDE-CHASSE.

Le théâtre représente une partie du parc des Jonchères. — Au fond, une terrasse à laquelle on arrive par quelques marches et garnie d'une balustrade ; elle donne sur la mer. — A gauche, une grille qui sert d'entrée au parc. — A droite, une tourelle dépendant du château, dans laquelle on peut voir quand on ouvre la fenêtre du rez-de-chaussée ; des deux côtés, sur le premier plan, des touffes de verdure et des allées.

SCÈNE I.

LA COMTESSE, *sur la terrasse, regardant avec une longue vue*, PERNETTE, *arrangeant des fleurs*, CLAUDE, *plus bas, appuyé sur son fusil et regardant la Com esse ; il porte l'habit de garde-chasse.*

LA COMTESSE.

La frégate de monsieur de Barville met toutes ses voiles dehors.

PERNETTE.

Mon Dieu ! le commandant aura reçu l'ordre de partir ! depuis huit jours qu'il a paru avec son navire sur nos côtes de Normandie, ses visites dédommageaient ma marraine de la longue solitude de cet hiver.

LA COMTESSE, *qui est descendue de la terrasse.*

Et surtout de la compagnie que m'a ramené l'été.*

PERNETTE.

Oh ! c'est bien vrai. Excepté monsieur le comte, vous avez retrouvé aux Jonchères toute la société de Paris... c'est depuis que ce monsieur Bequillard a acheté le château voisin. Il veut toujours faire de la musique avec madame la comtesse ; il a encore apporté ce matin son violon... Je m'étonne que ma marraine puisse supporter ses assiduités.

* La Comtesse, Pernette, Claude.

LA COMTESSE.

Parce que tu ne sais pas ce qu'une femme isolée, sans défense, peut avoir à craindre de la méchanceté d'un sot.

PERNETTE.

N'importe, c'est bien cruel d'être obligé de le recevoir, lui et ses bouquets... car hier il en a encore envoyé un des fleurs les plus rares... c'est Claude qui l'a reçu... Ah! mais nous l'oublions, ce pauvre garçon; il est là attendant les ordres de madame la comtesse... Claude! (*Claude s'approche vivement.*)

CLAUDE.

Me voilà!

LA COMTESSE.

Que puis-je lui demander quand il prévient mes moindres désirs? ce ne sont pas des ordres que Claude doit attendre de moi, mais des félicitations et des remercîments.*

CLAUDE.

Madame la comtesse oublie que tout ce que je puis faire ne m'acquittera jamais de ce que je lui dois! N'est-ce pas elle qui a rendu la liberté à mon père, qui a rétabli sa bonne renommée, qui lui a assuré une retraite où il vit en paix?

LA COMTESSE.

C'était justice!

CLAUDE.

Peut-être; mais madame la comtesse a fait davantage; elle m'a recueilli, moi qui ne le méritais pas, elle m'a sauvé du mal, elle m'a changé le caractère. Avant de la connaître, je regardais comme des ennemis tous ceux qui étaient plus heureux que moi, le pain blanc des riches donnait mauvais goût à mon pain noir; tandis que maintenant, oh! maintenant, je n'ai plus d'envie, je n'ai plus de haine, je n'ai que de la reconnaissance!

PERNETTE, *à part.*

Excellent Claude! (*Elle monte à la terrasse et cueille des fleurs.*)

LA COMTESSE.

Ainsi, vous ne désirez rien?

CLAUDE, *avec émotion.*

Rien que de continuer à vivre près de madame la comtesse. Qu'elle me laisse mon fusil, les bois, le droit de la servir, et, quand elle croira que j'aurai mérité quelque récompense, elle

---

* La Comtesse, Claude, Pernette.

n'aura qu'à me regarder en passant, qu'à me dire : « c'est bien ! » ça me réchauffera le cœur et j'aurai du courage pour longtemps !

LA COMTESSE.

Se peut il!.. mais quelle joie trouvez-vous donc à me servir ainsi ?

CLAUDE.

Moi?... Je ne sais pas, madame la comtesse... la joie, c'est comme le soleil, on la sent, on ne l'explique pas... Seulement, il me semble qu'ici je reprends le goût du bien... Quand je vois madame la comtesse, je me rappelle ma mère, et j'entends là une voix qui me dit : « Persévère, efface ta faute avec tes larmes ou avec ton sang. »

LA COMTESSE, *attendrie*.

Ah! c'est bien, Claude... courage! mon ami... (*Elle lui tend la main.*)

CLAUDE, *hors de lui*.

Votre ami... vous m'avez appelé votre ami !

LA COMTESSE.

Assez... on vient...

PERNETTE, *regardant*.

C'est monsieur Boquillard.

LA COMTESSE.

Encore!... Ah ! tâchons de l'éviter! (*Elle sort par la terrasse, à gauche.*)

SCENE II.

PERNETTE, CLAUDE, BOQUILLARD, *entrant par le premier plan, à droie.*

BOQUILLARD, *à part.*

Impossible de trouver madame la comtesse... je viens de faire le tour du parc. (*Apercevant Pernette qui réunit les fleurs qu'elle arrangeait et qui se prépare à sortir.*) Ah! Pernette! Pernette !

PERNETTE, *se retournant.*

Monsieur...

BOQUILLARD.

Où est donc ta maîtresse ?

PERNETTE.

Elle vient d'aller au salon recevoir des visiteurs.

BOQUILLARD, *impatienté.*

Là !... il me sera encore impossible de lui parler. (*à part.*) Aussi, c'est de ma faute; pourquoi ne pas m'être déclaré !... J'ai là, depuis trois jours, un poulet que je n'ai pas osé remettre... qu'est-ce que je puis attendre? Le comte est à Paris, et mes précautions sont prises pour n'avoir rien à craindre de lui; monsieur de Barville, qui me gênait, va partir... Allons, que diable! Boquillard, mon ami, vous êtes d'une timidité ridicule pour un millionnaire... Il faut que cela finisse ; je veux absolument trouver l'occasion d'un tête-à-tête. (*Se tournant vers Pernette.*) Dites-moi, Pernette...

PERNETTE.

Monsieur...

BOQUILLARD.

Un mot, ma belle. (*Confidentiellement.*) J'ai quelque chose à te demander...

PERNETTE, *se rappelant tout à coup.*

Ah! à propos de demander, il est venu aux Jonchères un monsieur qui vous cherchait.

BOQUILLARD.

Moi ?

PERNETTE.

Oui, il parle un charabia étranger.

BOQUILLARD.

C'est bon, nous verrons tout à l'heure... — Dites-moi, petite... est-ce que la comtesse a, comme cela, du monde toute la journée ?

PERNETTE.

Excepté le soir, où elle va travailler dans le petit kiosque.

BOQUILLARD.

Au bout de la terrasse ?

PERNETTE.

Oui. (*Claude s'arrête à ces derniers mots, paraît frappé et écoute.*)

CLAUDE, *à part.*

Pourquoi toutes ces questions? *

BOQUILLARD.

De sorte que là on est sûr de la trouver seule ?

* Pernette, Claude, Boquillard.

PERNETTE.

S'il n'y avait pas défense de la déranger, mais elle ne reçoit personne. (*Pernette sort par la terrasse.*)

SCENE III.

CLAUDE, BOQUILLARD.

BOQUILLARD, *à part.*

Elle ne reçoit personne; mais on peut arriver jusqu'à elle sans se faire annoncer... (*Regardant la grille à gauche.*) Cette grille conduit sur la terrasse... on y a laissé la clef, en la prenant je puis entrer ce soir, trouver la comtesse seule et donner un libre cours à mon éloquence. (*Regardant à droite.*) Allons... on ne peut me voir .. personne ne vient.... cette clef... (*Il va pour saisir la clef de la grille et se trouve en face de Claude appuyé sur son fusil.*) Oh ! le garde-chasse !

CLAUDE, *sérieusement.*

Je vous salue, monsieur Boquillard.

BOQUILLARD.

D'où diable sortez-vous, l'ami ? — Je ne vous avais point vu...

CLAUDE, *avec intention.*

Je vous ai vu et entendu, moi !

BOQUILLARD, *déconcerté.*

Ah ! vous m'avez...

CLAUDE.

Vous cherchiez la clef de la grille ?

BOQUILLARD, *affectant de rire.*

Mais il me semble que c'est le seul moyen de sortir. .

CLAUDE.

Et d'entrer. (*Tirant la clef et la mettant dans sa poche.*) Seulement pour ça, faut s'adresser à moi.

BOQUILLARD.

Ah ! c'est donc vous qui êtes chargé...

CLAUDE, *se préparant à charger son fusil.*

De défendre le parc contre les vagabonds et les vauriens... oui. *

* Boquillard, Claude.

BOQUILLARD, *à demi-voix.*

Ah ! fort bien !... Et dites-moi , puisque cette grille est sous votre garde... si on vous proposait d'oublier de la fermer ce soir ?...

CLAUDE.

C'est impossible , puisque je l'ai fermée d'avance.

BOQUILLARD, *qui cherche dans son portefeuille.*

Je vois bien... Mais si on vous donnait une bonne raison pour la rouvrir ?

CLAUDE.

Une bonne raison ?...

BOQUILLARD, *lui présentant un billet de banque.*

Oui.. comme celle-ci, par exemple !

CLAUDE, *tressaillant.*

Un billet de banque !...

BOQUILLARD, *à part.*

J'étais sûr que ça l'aurait touché... On parle de langage universel , le voilà le langage universel... (*Voyant Claude qui est remonté vers l'escalier de la terrasse, fourrer le billet dans le canon de son fusil.*) Eh bien ! que faites-vous donc ?

CLAUDE, *tranquillement.*

Vous voyez, une bourre.

BOQUILLARD, *très-fort.*

Avec un billet de cent francs !

CLAUDE, *tranquillement.*

Ah ! bah ! — J'ai cru que c'était un billet de mille...

BOQUILLARD, *se récriant.*

Comment de mille... et vous vous en servez pour... — Mais songez donc que ça sera perdu !

CLAUDE, *tranquillement.*

Du tout, je le rendrai... avec le coup de fusil.

BOQUILLARD , *reculant.*

Par exemple ?... — Et à qui cela ?

CLAUDE , *avec une colère mal contenue.*

A qui ?... à ceux qui voudraient entrer ici sans la permission de madame la comtesse ; aux insolents qui ne respectent pas une femme sans protection ; aux imbéciles qui croient qu'on peut acheter tout le monde...

BOQUILLARD.

Drôle !

CLAUDE, *éclatant, en frappant la terre de son fusil.*

Je reste là. (*Il montre la tourelle*) Et s'ils viennent, je les tue comme des chiens !

BOQUILLARD.

Hein ?...

CLAUDE, *changeant de ton, et tranquillement.*

Si vous les connaissez, vous n'avez qu'à les avertir de ma part.

BOQUILLARD.

Comment, si je les connais !... (*A part.*) Mais c'est une bête féroce que cet homme-là. (*Claude entre dans la tourelle.*) Qui est-ce qui aurait jamais cru le trouver incorruptible... Je comprends, c'est que je ne lui aurai point offert assez. — Décidément le plus sûr est d'écrire à la comtesse... J'ai sur moi mon billet... il est rédigé de façon à ce qu'elle ne puisse refuser l'entrevue... Il faut qu'elle le reçoive aujourd'hui.

SCÈNE IV.

CROCKMAN, *entrant par le fond,* BOQUILLARD ; CLAUDE, *dans la tourelle, dont il a ouvert la fenêtre de manière à surveiller la terrasse.*

CROCKMAN, *apercevant Boquillard.*

Eh ! c'est lui ! le foici, ce prave mosieu Poquillard !

BOQUILLARD, *se retournant.*

Plaît-il ?... Comment ? c'est Samuel Crockman ?

CROCKMAN.

Et foui... je fous cherge tepuis teux heures.

BOQUILLARD, *confidentiellement.*

Vous arrivez de Paris ?

CROCKMAN, *de même.*

Afec de ponnes noufelles.

BOQUILLARD.

Les créances sur le comte que j'avais passées à votre nom, vous les avez poursuivies ?

CROCKMAN.

Chai optenu chuchement, saisie, brise de gorps !

BOQUILLARD.

Alors d'Arnetal...

CROCKMAN.

Est endre les mains des cartes de gommerce !

BOQUILLARD.

Très-bien !

CROCKMAN.

Ft j'aborde un arrêt de séguestre... Nous bouvons saisir les piens, fendre le jateau.

BOQUILLARD.

Bravo !... Vous avez toutes les pièces, n'est ce pas ?

KROCKMANN, *lui remettant des papiers.*

Foilà. (*Claude est d'abord resté rêveur dans la tourelle, appuyé au mur et les deux mains sur son fusil; mais la voix de Crockman a fini par le frapper; il a écouté, et il s'approche de la fenêtre au moment où celui-ci s'éloigne avec Boquillard.*)

CLAUDE, *à part.*

C'est singulier... Si ce n'était l'accent, il me semblerait que je connais cette voix.

BOQUILLARD, *qui a examiné les papiers.*

C'est bien cela! (*A Crockman, à demi-voix.*) Vous êtes sûr que personne ne s'est douté que vous étiez mon prête-nom ?

CROCKMAN, *de même.*

Di tout, di tout.

CLAUDE, *le regardant de loin.*

J'ai déjà vu cette tournure.

BOQUILLARD, *qui regarde les papiers.*

Rien ne manque... Il faut faire sur-le-champ toutes les diligences... Mais si on nous voyait ensemble, on pourrait deviner... Retournez m'attendre au tourne-bride.

CROCKMAN.

Pon.

CLAUDE, *à part.*

Certainement, je ne me trompe pas !

BOQUILLARD.

Je vous rejoins dans une heure.

CROCKMAN.

Gonvenu ' (*Boquillard sort par le fond; Crockman va le suivre, et rencontre Claude qui est sorti de la tourelle.*)

SCÈNE V.

CROCKMAN, CLAUDE.

CROCKMAN.

Gonvenu! (*Apercevant Claude et le reconnaissant*) Oh! Claude!...*

CLAUDE.

C'est lui.

CROCKMAN.

Di tout, c'est pas moi!

CLAUDE.

Pemperlot sous ce costume!

CROCKMAN.

Silence donc!... Il n'y a plus de Pemperlot... Disparu sous le troisième des-ous; je m'appelle Samuel Crockman.

CLAUDE.

Toi ?

CROCKMAN, *avec menace.*

Mais ne va pas me trahir, ou bien, tonnerre!

CLAUDE.

Est-ce que tu voudrais me faire peur, par hasard ?

CROCKMAN, *d'un ton câlin.*

Non, non... je sais que tu es incapable de me vendre... aussi je me confie à toi, ma fille... Je m'y confie.

CLAUDE.

Vu que tu ne peux pas faire autrement. Mais tu as donc changé de métier?

CROCKMAN.

Comme tu vois... la dernière histoire m'avait ôté le charme de la chose... Et puis je m'étais aperçu que les gouapeurs qui travaillaient en petit avaient toujours des mots avec messieurs les gendarmes, tandis que ceux qui travaillaient en grand étaient les ornements de la société.

CLAUDE.

Alors tu as voulu orner la société?

CROCKMAN.

Comme tu dis : j'avais un établissement rue des Bourdonnais,

* Claude, Crockman.

sous le nom de Crockman; je ne me suis plus occupé d'autre chose, et je me suis mis à faire des affaires qui ne relèvent que de la correctionnelle... ce qui m'a lancé tout de suite parmi les gens comme il faut. Aussi aujourd'hui, vois-tu, tu n'as qu'à demander sur la place de Paris Samuel Crockman, tout le monde te dira : je le connais; c'est un gredin, un filou, mais il paye aux échéances. J'ai enfin ce qu'on appelle une position commerciale.

CLAUDE.

Et tu as donc ici quelque affaire avec monsieur Boquillard?

CROCKMAN, mystérieusement.

Oui, mais faut pas en parler... c'est un commencement, et cet homme-là peut faire ma fortune... et la tienne si tu veux, car je puis te recommander.

CLAUDE.

Merci, je ne désire rien.

CROKMAN.

Vrai! Eh bien, tu as raison! C'est l'ambition, vois-tu, qui perd les gens de ta classe. (Apercevant des messieurs et des dames qui arrivent sur la terrasse avec la Comtesse et Boquillard) Mais v'là la société qui arrive; je file...

CLAUDE.

Je vas te conduire... (A part.) Faut que j'aie l'œil sur lui. (Ils sortent par la grille à gauche.)

SCÈNE VI.

BOQUILLARD, LA COMTESSE, LE BARON, LE COLONEL.
(Plusieurs dames accompagnées du Baron et du Colonel sont entrées pendant la fin de la scène précédente, et se sont arrêtées sur la terrasse pour regarder la mer. Boquillard conduit la Comtesse et descend avec elle sur l'avant-scène.)

BOQUILLARD.

C'est entendu, madame la comtesse me permet de mettre mon yacht à sa disposition pour une promenade en mer.

LA COMTESSE.

Pardon, je n'ai pas dit...

BOQUILLARD.

Madame la comtesse n'a-t-elle point accepté l'autre jour le canot de M. de Barville? Elle ne voudrait pas faire de différence entre ses amis. (Avec enthousiasme.) Je veux vous donner le spectacle d'une régate dans la rade des *Brisaies*... J'y dépenserai, s'il le faut, deux cents louis!... (*Le Baron et le Colonel se sont approchés.*)

LE BARON.

Comment donc! Mais décidément Boquillard va se ruiner en fêtes; il donne déjà ce soir un punch.

LA COMTESSE.

Un punch?

BOQUILLARD.

C'est un pari que j'ai perdu à notre dernière chasse... Un punch en plein air, sur la grande dune, avec l'Océan, le ciel et tous les autres accessoires... Ce sera beau comme à l'Opéra! (*A la Comtesse.*) Malheureusement, c'est une fête de célibataires.

LE BARON, *en riant.*

Hommes et femmes... (*La Comtesse va rejoindre les dames sur la terrasse.*)

BOQUILLARD, *au Baron.*

Silence donc, mon cher; vous me compromettez.

LE BARON, *bas.*

Ah! bah! il y a donc quelque chose?. .

BOQUILLARD, *d'un air fat.*

Chut... (*Il va rejoindre la Comtesse.*)

LE COLONEL, *regardant le Baron.*

Est-ce que vraiment?...

LE BARON.

Eh! mon Dieu! qui sait... les femmes ont des goûts si bizarres...

LA COMTESSE, *arrivée sur la terrasse, regarde la mer et pousse une exclamation.*

Ah! la frégate de monsieur de Barville n'est point partie.

BOQUILLARD, *à part.*

Décidément la comtesse est dans les meilleures dispositions... Je me risque; il faut que je lui remette mon billet.

SCENE VII.

LES MÊMES, PERNETTE, *entrant par le premier plan à gauche;* puis MARCEL, *entrant par le premier plan à droite.*

PERNETTE, *apercevant Boquillard.*

Ah! monsieur Boquillard!

BOQUILLARD.

Qu'est-ce que c'est?

PERNETTE.

Le maître jardinier des Brisaies vient d'apporter ce bouquet de votre part... Faut-il le remettre à madame la comtesse?

BOQUILLARD.

Non... donne... (*A part.*) Voilà justement ce qu'il me faut. (*Pernette sort par la terrasse.*)

MARCEL, *entrant par la droite.*

La comtesse n'est pas seule. (*La Comtesse est sur la terrasse et regarde la mer; Marcel à droite, Boquillard sur le devant à gauche; le Baron et le Colonel au milieu et un peu au fond.*)

LE BARON, *qui regarde Boquillard.*

Que diable Boquillard veut-il faire de ce bouquet?

LE COLONEL, *voyant Boquillard glisser son billet parmi les fleurs.*

Oh! voyez... il y cache une lettre.

LE BARON.

C'est pour la comtesse.

MARCEL, *qui a également tout vu.*

Que dites-vous? c'est impossible!

LE BARON.

Pardieu! mon cher commandant, regardez vous-même... il va l'offrir. (*Boquillard est allé vers la Comtesse; au moment où il arrive près d'elle et où il va lui présenter son bouquet, elle aperçoit Marcel et elle fait un mouvement de joie.*)

LA COMTESSE, *à part.*

Ah! Marcel!

LE COLONEL, *au baron et à Marcel.*

Avez-vous vu son mouvement de joie?

LE BARON.

Elle a accepté le bouquet! plus de doute, les hommages de Boquillard sont agréés...

MARCEL, *vivement.*

Ah! messieurs, pouvez-vous croire!...

LE COLONEL.

Que voulez-vous! une pauvre femme seule, à la campagne, finirait par aimer même son mari.

MARCEL, *blessé.*

Colonel !

LE COLONEL, *à Boquillard qui revient vers eux.*

Bravo ! Boquillard.

BOQUILLARD.

Comment !...

LE BARON.

Nous avons tout vu...

LE COLONEL.

Déjà une correspondance établie...

BOQUILLARD.

Plus bas, mon cher, de la discrétion...

MARCEL, *vivement.**

La discrétion, monsieur, suppose un secret ; et entre la comtesse et vous, il ne peut y en avoir !

BOQUILLARD, *embarrassé.*

Commandant !

LE BARON.

Mais vous n'avez donc pas remarqué comme elle a tressailli à la vue du bouquet ?

LE COLONEL.

Et tenez... ses yeux ne vous quittent pas...

BOQUILLARD, *avec fatuité.*

Il me semble d'ailleurs que lorsqu'une femme reçoit un billet, c'est une preuve...

MARCEL, *avec résolution.*

C'est ce que nous allons savoir, monsieur. (*Il s'avance vers la Comtesse.*)

BOQUILLARD, *à part.*

Que va-t-il faire ?...

LA COMTESSE, *qui est descendue de la terrasse et vient à Marcel, à demi-voix.*

Vous enfin !... ah ! je vous attendais.**

MARCEL, *haut.*

Vous aviez raison, madame, je devais venir ; car, sans le sa-

* Marcel, Boquillard, le Colonel, le Baron.
** La Comtesse, Marcel, Boquillard, le Colonel, le Baron.

voir, vous aviez besoin de quelqu'un qui pût vous défendre et qui vous connût assez pour ne reculer devant aucune démonstration.

LA COMTESSE.

Qne voulez-vous dire ?

MARCEL.

Un bouquet vient de vous être remis.

LA COMTESSE.

Sans doute.

MARCEL.

Ce bouquet renferme une lettre.

TOUS.

Ah!..

LA COMTESSE.

Une lettre!

MARCEL.

Avec toute autre je pourrais craindre de rencontrer quelque secret honteux; mais à vous, madame, que je respecte comme ce que Dieu a fait de p'us nob'e et de plus pur, à vous je dis : il faut que cette lettre soit connue. (*Mouvement de tous.*)

LE COMTE *paraît au fond.*

Qu'elle soit connue de tous, car on vous soupçonne de l'avoir autorisée, on veut en faire la preuve d'une correspondance coupable...

LA COMTESSE, *qui a arraché la lettre du bouquet.*

Ah!... (*Elle la tend à Marcel.*) Lisez, monsieur. (*Elle jette le bouquet ; le comte entre.*)

BOQUILLARD.

C'est inutile.

LA COMTESSE *le foudroie d'un regard et dit à Marcel:*

Lisez!

MARCEL, *lisant.*

« Madame, bien que vous n'ayez point voulu jusqu'ici prendre
» garde à l'attachement d'un homme dont le cœur est tout à
» vous, il tient à prouver sa sollicitude, en vous révélant des
» faits qui touchent à vos intérêts les plus chers...
» Trouvez-vous ce soir au petit rendez-vous de chasse, et vous
» jugerez du dévouement de votre adorateur. »

LA COMTESSE.

Et la signature ?

MARCEL, *jetant un regard à Boquillard.*

Il y a des gens qui ne signent pas, ma lame.

LA COMTESSE, *avec énergie.**

Alors, puisque l'homme qui a écrit ce billet s'est rendu justice, puisqu'il a eu honte de son nom, c'est à moi de lui dire que je le connais!... Que si j'ai supporté jusqu'ici ses ridicules avec résignation, je ne veux pas supporter plus longtemps ses insolences. (*Elle déchire la lettre.*) J'espère qu'il a compris? **

BOQUILLARD, *balbutiant.*

Madame...

MARCEL, *bas à Boquillard.*

Je ne repartirai que dans une heure.

LA COMTESSE, *à Marcel.*

Votre bras, monsieur de Barville.

LE COMTE, *s'avançant entre la Comtesse et Marcel.*

Mille pardons !

TOUS.

Le comte ! ***

LE COMTE.

Il vous manquait le mari, messieurs, il me semble qu'il a droit à une petite place dans ce débat.

LA COMTESSE, *vivement.*

Quoi ! vous avez entendu?

LE COMTE.

J'étais là.

BOQUILLARD, *à part.*

Ciel !

LE COMTE.

A ce qu'il me paraît, on arrange sans moi les affaires de ménage, et je vois que chacun a profité ici de mon absence pour usurper mon rôle. (*Regardant Boquillard.*) Les uns voudraient me remplacer (*regardant Marcel*), les autres me remplacent.

MARCEL.

Monsieur le comte...

* Marcel, le comte (*au fond*), la Comtesse, Boquillard, le Colonel, le Baron.

** Marcel, le Comte (*au fond*, , Boquillard, la Comtesse, le Colonel, le Baron.

*** Boquillard, Marcel, le Comte, la Comtesse, le Colonel, le Baron.

LE COMTE, *interrompant.*

Pardon .. je sais que je devrais remercier le commandant de son zèle à défendre madame la comtesse; mais je suis malheureusement d'une nature très-ingrate, je n'aime pas qu'on me rende certains services avec trop de chaleur, et j'ai le caractère assez bourgeois pour croire qu'une femme est moins compromise pour certaines poursuites que par certaines protections.

LA COMTESSE.

Je ne comprends pas, monsieur...

LE COMTE, *plus amèrement.*

Et moi je comprends, madame, qu'il y a des dévouements et des respects qui sont des masques...

MARCEL, *faisant un mouvement violent vers lui.*

Monsieur d'Arnetal...

LA COMTESSE, *avec un geste d'effroi suppliant.*

Ah !

MARCEL, *se dominant avec un grand effort.*

Vous êtes chez vous... monsieur le comte... je me retire. (*Il salue et sort par le premier plan à droite.*)

LE COMTE, *donnant le bras à la Comtesse.*

Venez, madame... (*Il la reconduit par la terrasse.*)

BOQUILLARD, *à part.*

Et nous, profitons de l'occasion pour éviter les explications.

LE COMTE, *revenant.*

Un moment, monsieur Boquillard.

BOQUILLARD.

Oh !

LE COMTE.

Nous avons à causer...

BOQUILLARD.

Pardon... plus tard.

LE COMTE, *le prenant par le bras.*

Non ; ces messieurs peuvent croire que j'ai à me plaindre d'une insulte, et que je suis en droit de vous demander raison.*

BOQUILLARD.

Permettez...

* Le Colonel, le Comte, Boquillard, le Baron.

LE COMTE.

J'en serais désolé, parce que vous savez que je suis très-maladroit dans ces sortes d'affaires; j'ai déjà eu la main malheureuse avec quelques amis, et comme la comtesse se trouve mêlée à tout ceci, je me verrais obligé, mon cher, de vous tuer...

BOQUILLARD.

Comment!...

LE COLONEL.

Pardon, monsieur le comte, les apparences...

LE COMTE.

Sont souvent trompeuses, n'est-ce pas? c'est une vérité profonde, monsieur le colonel, et la preuve, c'est que l'entretien demandé par Boquillard à madame la comtesse n'avait d'autre but que de la rassurer sur mon compte.

BOQUILLARD.

Hein?...

TOUS.

La rassurer?...

LE COMTE.

Par la raison, messieurs, que vous voyez en moi un proscrit. J'ai été forcé de m'enfuir de Paris avec Elodie pour échapper à maître Crockman... un créancier que monsieur Boquillard connaît particulièrement.

BOQUILLARD.

Moi! du tout!

SCÈNE VIII.

Les Mêmes, CROCKMAN, accourant.

CROCKMAN.

Monsieur Poquillard! monsieur Poquillard!

BOQUILLARD.

Oh!

CROCKMAN.

Le gomte est éjabbé, il est ici!

BOQUILLARD.

Silence donc, imbécile! (*Crockman apercevant le Comte.*) Le gomte!

LE COMTE.

Vous le voyez, messieurs, ce cher banquier s'est entremis pour me tirer d'embarras... Il s'est chargé de remettre de l'ordre dans mes affaires, de s'arranger avec mes créanciers.

BOQUILLARD.

Moi?...

LE COMTE.

Et en attendant il a tout réglé avec maître Crockman, il a retiré de ses mains les pièces du jugement, et il voulait voir la comtesse pour les lui remettre.

BOQUILLARD, *à part.*

Je suis pris !

LE COMTE.

Allons, mon bon, ne cachez pas plus longtemps vos belles actions, prouvez à ces messieurs que je ne me trompe pas et montrez les pièces...

BOQUILLARD.

Moi ! les pièces !...

CROCKMAN, *les montrant.*

Oui, les bièces... elles sont là...

LE COMTE, *les retirant de la poche de Boquillard.*

Les voilà !. .

TOUS.

Ah ! c'est admirable !

LE BARON, *lui donnant la main.*

Boquillard, vous êtes le modèle des amis.

LE COLONEL, *de même.*

Vous avez droit, mon cher, au prix Montyon.

BOQUILLARD, *se dégageant avec humeur.*

C'est bon, messieurs, c'est bon. (*Le Colonel et le Baron s'éloignent en causant et en riant pendant ce qui suit.*)

LE COMTE.

Quant aux autres créances, mon cher ami, je vous fournirai tous les papiers nécessaires à la liquidation.

BOQUILLARD.

Permettez, il s'agit d'une telle somme que, vraiment, je ne pourrai pas...

LE COMTE.

Que craignez-vous ? La fortune de madame la comtesse n'est-elle pas suffisante pour répondre de tout ?

BOQUILLARD.

La fortune de madame la comtesse... certainement; mais elle en dispose seule. (*Claude entre et écoute.*)

LE COMTE.

Eh bien, c'est à vous d'obtenir qu'elle vous donne caution... qu'elle réponde de tout... (*Plus bas.*) C'est même un moyen de vous venger de l'humiliation qu'elle vous a fait subir tout à l'heure... Ruinez-la, je vous y autorise.

CROCKMAN.

Frai!

LE COMTE.

Je vous y aiderai même au besoin.

BOQUILLARD.

Ah! si c'était possible .. Mais le moyen?

CROCKMAN.

Le moyen... je le trouferai.

LE COMTE.

Que dites-vous?

CROCKMAN.

Je tis que si monsieur le gomte feut suifre mes gonseils, temin il sera maître de doute ce qui abartient à la gomtesse.

CLAUDE, *à part.*

Dieu!

LE COMTE, *vivement.*

Il se pourrait!... Ah! que faut-il faire? parlez...

CROCKMAN.

Endrons gueg'part, j'vous expliquerai...

BOQUILLARD.

Retournons au château.

LE COMTE.

C'est cela, venez, mon bon. (*Donnant le bras à Boquillard.*) Vous voyez qu'entre gens comme il faut, on finit toujours par s'entendre. (*Ils sortent par la terrasse.*)

CROCKMAN, *les suivant.*

Voui, voui, nous allons nous entente.

CLAUDE, *l'arrêtant au passage, bas et très-vite.*

En les quittant tu viendras ici.

CROCKMAN.

Moi!

CLAUDE.

Je t'attendrai.

CROCKMAN.

C'est impossible.

CLAUDE.

Alors je parle !

CROCKMAN.

J'viendrai, j'viendrai.

DEUXIÈME TABLEAU,

UNE VENGEANCE.

Le théâtre représente un salon ouvrant au fond par trois grandes portes, sur une galerie à balustrade qui donne sur la mer. — Au loin, l'Océan. — Portes à droite et à gauche. — Guéridons des deux côtés. — Causeuse à droite. — Au fond du salon des fauteuils.

SCÈNE I.

LA COMTESSE *et* PERNETTE, *entrant.*

PERNETTE.

Oui, madame la comtesse, c'est le patron de la chaloupe lui-même qui m'a dit que le commandant partirait à la marée de ce soir... tout au plus dans une heure.

LA COMTESSE.

Et ils vont bien à la Martinique ?

PERNETTE.

Oh ! j'en suis sûre ; comme c'est le pays de madame, j'ai retenu le nom.

LA COMTESSE, *à part.* *

Ainsi Marcel va revoir ce beau ciel sous lequel nous avons été élevés ensemble ; cette habitation où j'ai vécu si heureuse ; ma sœur, reste d'une famille détruite, et que moi je ne reverrai sans doute jamais (*Elle s'assied accablée sur la causeuse à droite.*)

PERNETTE, *à la fenêtre.*

Oh ! comme le ciel se couvre ! Si l'orage éclate, je voudrais bien savoir ce que va devenir M. Boquillard et toute sa société... Ils sont là, en plein air, sur la grande dune, avec des dames qui fument, qui boivent du punch et qui dansent... J'ai envie d'eu-

* Pernette, la Comtesse.

voyer à monsieur Boquillard un violon qui est encore ici. (*Elle le montre sur un fauteuil au fond.*)

SCÈNE II.

LES MÊMES, LE COMTE.

LE COMTE, *à part, en voyant la Comtesse.*

La voici. Rappelons nous bien les instructions de Crockman.

PERNETTE, *l'apercevant.*

Monsieur le comte... (*Elle sort par la droite.*)

LA COMTESSE.

Ah!...

LE COMTE.

Vous m'excuserez si j'entre sans me faire annoncer, madame la comtesse ; mais l'antichambre est vide.

LA COMTESSE.

Les gens de monsieur le comte... l'auront sans doute cru à la grande falaise avec ses amis.

LE COMTE.

J'en arrive ; mais, ma foi! à la longue, la mauvaise société ennuie presque autant que la bonne ; aussi, il me prend parfois des velléités de me ranger... de me faire vertueux et philanthrope...

LA COMTESSE.

Vous? monsieur le comte !

LE COMTE, *s'asseyant sur la causeuse.*

C'est très à la mode : vous avez vu le baron d'Arvor, le vicomte de Mercey et vingt autres qui ont établi, dans leurs domaines, des colonies pénitentiaires, c'est devenu un ornement indispensable pour un château. On a chez soi un petit bagne, comme on avait autrefois un petit théâtre; et on a le plaisir de faire le bonheur d'une vingtaine de coquins, ce qui vous concilie infailliblement l'estime de tous les honnêtes gens.

LA COMTESSE, *se levant.*

Monsieur le comte plaisante.*

LE COMTE.

Du tout! vous en jugerez vous-même, comtesse. Pour commencer, je veux établir au village une école, une salle d'asile,

---

* La Comtesse, le Comte.

une crèche, en un mot tout ce qui a remplacé les processions et les rosières.

LA COMTESSE, *vivement.*

Ah ! s'il est vrai, monsieur, vous me permettrez de contribuer pour ma part...

LE COMTE.

Du tout, du tout... madame la comtesse est trop riche en bonnes œuvres pour m'enlever le mérite de celle-ci. Je compte y consacrer le prix de ma dernière vente de bois... A propos, j'avais remis, je crois, le contrat à madame la comtesse.

LA COMTESSE.

En effet. (*Elle cherche dans un pupitre sur le guéridon, à gauche, et remet l'acte au Comte.*)

LE COMTE.

Elle devait le soumettre à son homme d'affaires, monsieur Fauvel.

LA COMTESSE.

Oui ; il m'a expliqué que ces bois appartenant aux propriétés particulières de monsieur le comte, mon consentement n'était qu'une pure formalité.

LE COMTE, *qui a regardé l'acte.*

Alors madame la comtesse veut bien apposer sa signature.

LA COMTESSE.

Sur-le-champ, si vous le désirez...

LE COMTE.

Je vous en serai reconnaissant. (*La Comtesse passe à droite pour aller prendre une plume sur le guéridon : le Comte en profite pour remettre dans une de ses poches l'acte qu'il tenait et en retirer un second d'une autre poche.*)

LA COMTESSE,

Le contrat ?

LE COMTE, *donnant vivement le nouvel acte.*

Le voici ! (*A part, voyant la Comtesse aller vers le guéridon.*) Elle va signer... tout est sauvé. (*Il remonte vers le fond, à droite, d'un air d'indifférence.*)

SCÈNE III.

Les Mêmes, CLAUDE, *paraissant à la porte à gauche,* LA COMTESSE, *se préparant à signer,* LE COMTE, *au fond.*

CLAUDE, *vivement à la Comtesse, d'une voix basse.*

Ne signez pas, madame la comtesse.

LA COMTESSE, se retournant.

Ah !

CLAUDE, lui imposant silence.

Silence... on vous trompe... cet acte est votre ruine.

LA COMTESSE.

Que dites-vous ?

CLAUDE.

Voyez vous-même.

LE COMTE, se retournant.

Hein?... (*Claude disparaît. — Le Comte voit que la Comtesse parcourt l'acte.*) Comment ! elle lit !

LA COMTESSE, qui a parcouru l'acte.

Que vois-je ! l'engagement de satisfaire à tous les créanciers du comte... l'abandon de ma dot !

LE COMTE.

Madame !...

LA COMTESSE.

Cet acte n'est pas celui que j'avais vu... vous l'avez changé !

LE COMTE, avec emportement.

Signez, madame.

LA COMTESSE.

Non.

LE COMTE, lui saisissant la main.

Signez, il le faut, je le veux.

LA COMTESSE, se débattant.

Non ! c'est une surprise infâme ! c'est un vol ! (*Elle se dégage et déchire l'acte.*)*

LE COMTE, jetant la canne qu'il tient à la main.

Malheureuse !

LA COMTESSE, avec noblesse.

Frappez, monsieur, on ne vous voit pas !...

LE COMTE, brisant sa canne.

Ah ! laissez-moi, madame, laissez-moi, ou je ne réponds plus de ma colère !

LA COMTESSE, reculant.

Monsieur !

---

* Le Comte, la Comtesse.

LE COMTE.

Sortez, sortez. *La Comtesse rentre à droite.*)

SCENE IV.

LE COMTE, *seul.*

Perdu! perdu sans ressource, perdu après avoir eu inutilement la honte de cette ruse .. déshonoré à ses yeux, sans profit! flétri d'un mot... oh! d'un mot qu'elle me payera par des larmes de sang!...

SCÈNE V.

LE COMTE, PERNETTE.

PERNETTE, *à la cantonade.*

Ne laissez pas entrer, Germain, c'est impossible. (*Entrant.*) Ah! monsieur le comte, si vous saviez...

LE COMTE, *brusquement.*

Qu'est-ce encore? qu'y a-t-il?

PERNETTE.

C'est M. Boquillard et sa société que l'orage a surpris sous la grande falaise et qui veulent entrer au château.

LE COMTE.

Qu'ils aillent au diable!

PERNETTE.

J'en étais bien sûr, moi, que monsieur le comte ne voudrait pas recevoir ces messieurs et surtout ces dames..., quand ce ne serait qu'à cause de madame la comtesse.

LE COMTE, *se levant.*

La comtesse!... ah! tu m'y fais penser... Où sont-ils?

PERNETTE.

Là, dans la galerie, disputant avec Germain et Guillaumet.

(*On entend la discussion.*)

BOQUILLARD.

Je te dis que nous voulons entrer.

GERMAIN.

Mais, messieurs...

ÉLODIE.

Je veux voir d'Arnetal.

GERMAIN.

Permettez.

LE COMTE, *ouvrant la porte du fond.*

Arrière, drôle ! et faites place.

SCENE VI

PERNETTE, LE COMTE, BOQUILLARD, ÉLODIE, LE
BARON, LE COLONEL, INVITÉS DES DEUX SEXES.

BOQUILLARD.

Quand je vous le disais !

ÉLODIE.

A la bonne heure.

PERNETTE.

Comment ? Est-ce possible. (*Allant au Comte.*) Mais, monsieur
le comte, ma maîtresse...

LE COMTE, *qui a pris le bras d'Elodie.*

Va lui dire que je suis chez moi, que je reçois mes amis.

ÉLODIE.

Et qu'il y a du punch ! ça la décidera peut-être à venir.

PERNETTE, *à part.*

Oh ! grand Dieu ! comment l'avertir ? il faut que je consulte
Claude. (*Elle sort par la gauche.*)

BOQUILLARD.

Je le savais bien, moi, que d'Arnetal ne nous refuserait pas
l'hospitalité. (*Il chante.*)

Chez les montagnards écossais
L'hospitalité se donne.

ÉLODIE.

Oh ! oh ! chante-t-il faux !

BOQUILLARD.

Parce que j'ai soif... Où est le champagne ? où est le punch ?

SCENE VII.

LES MÊMES, CROCKMAN *entrant en portant le bol de punch en-
flammé et suivi de valets qui portent des plateaux avec des verres
et des bouteilles.*

CROCKMAN.

Foilà ! foilà ! je l'affai saufé de l'orage ! *

* Le Comte, Elodie, Crockman, Boquillard.

6

TOUS.

Bravo, Crockman !

BOQUILLARD.

Vive Crockman !

ÉLODIE, *posant sur la tête de Crockman la couronne de bleuets*
et de coquelicots qu'elle tenait à la main.

Une couronne civique à monsieur Crockman.

CROCKMAN.

Oh ! me foilà rosière !

TOUS, *riant et applaudissant.*

Ah ! ah ! ah ! ah !

LE COMTE. *

C'est cela, messieurs, du bruit, de la joie !

ÉLODIE.

Oui, mais de la décence; faut pas oublier qu'il y a une bourgeoise!

CROCKMAN, *le prenant à part.*

Et l'acte que fous defiez bresenter à la gomtesse?

LE COMTE.

Je l'ai présenté.

CROSKMAN, *vivement.*

Et elle l'a signé?

LE COMTE, *montrant l'acte déchiré, à terre.*

Vous voyez ses débris sous vos pieds.

CROCKMAN.

Alors dout est manqué!

LE COMTE.

Oui, mais pas impunément... (*Aux convives.*) Messieurs, liberté complète, je vous livre le château ; ne menagez rien, ne
vous inquiétez de personne; je suis seul maître ici et je vous
abandonne tous mes droits. (*Il remonte au fond.*)

TOUS.

Bravo !

ÉLODIE, *s'approchant de Boquillard.*

Savez-vous que d'Arnetal est très-gentil?

---

* Crockman, le Comte, Élodie, Boquillard.

BOQUILLARD.

Oui, mais il n'a pas le sou.

ELODIE.

Ah ! v'là qui l'enlaidit.

BOQUILLARD.

Tandis que moi j'ai cinq mi lions.

ÉLODIE.

Cinq ! Ah ! mon cher, ça vous embellit. (*Crockman est allé à la table et sert le punch.*)

LE COMTE, *au domestique qui se tient au fond avec un plateau.*

Du punch....

BOQUILLARD, *quittant Élodie.*

Moi aussi !

FARANDOLE, *bas à Élodie et l'attirant à droite.*

Dis donc, tu ne sais pas, on dit que le comte est un homme fini... qu'il vient d'avoir son Wateiloo...

ÉLODIE.

C'est possible... mais moi, ma chère, je ne suis pas de la vieille garde ; je me rends et je ne meurs pas...

CLÉOPATRE.

C'est donc pour ça que tu écoutes le banquier...

ÉLODIE.

Chut....

FARANDOLE.

Compris... Eh bien, en v'là une fi le de conduite...

BOQUILLARD.

Un verre ici... (*A Élodie,*) Venez. Élodie... versez, syrène.

ÉLODIE.

Tout de suite, mon gros triton !

CROCKMAN, *assis à gauche avec un verre et une bouteille.*

Moi, j'aimais mieux me f rser toute seule.

LE COMTE, *qui boit coup sur coup.*

Messieurs, que tout le mo de fasse comme moi.. Allons, de la musique; des toasts, des lumières... une derniere orgie !

TOUS.

Oui, oui.

ÉLODIE.

Il faut ouvrir tous les salons, allumer partout...

BOQUILLARD.

D'Arnetal nous donnera à souper.

TOUS.

C'est cela.

LE BARON.

Et nous attendrons les cartes à la main.

PLUSIEURS VOIX.

Très-bien.

LE COMTE.

Soit, messieurs; venez, je vais donner tous les ordres. (*Il sort avec le Colonel, le Baron et quelques invités.*)

ÉLODIE.

Et nous, mesdames, essayons un petit menuet de Château-Rouge.

FARANDOLE.

Ah! bien, oui; mais la musique...

BOQUILLARD.

La musique... je m'en charge; mon violon doit être au château.

ÉLODIE.

En voilà un.

BOQUILLARD.

C'est cela... Mesdames, je m'engage à faire autant de bruit que tout l'orchestre Musard... A vos places.

TOUS.

Oui, oui, en place...

CROCKMAN.

Un rigolon! chen suis... Fous allez voir gomme on sait bincer ça... (*Allant à Elodie.*) Madame Poquillard... (*Boquillard monte sur un fauteuil au fond ; Crockman se place à droite avec Elodie, Farandole à gauche ; contredanse échevelée, qui finit par un galop général, après lequel les danseurs et les danseuses s'arrêtent à droite et à gauche avec des cris et en trinquant.*)

SCENE VIII.

LES MÊMES, LA COMTESSE, *entrant par la galerie du fond.*

LA COMTESSE.

D'où peut venir ce bruit... (*Apercevant Elodie et les autres danseurs.*) Grand Dieu!

BOQUILLARD, *annonçant.*

Madame la comtesse! (*Mouvement général*)

LA COMTESSE.

Est-ce possible! vous ici, monsieur!

BOQUILLARD.

Comme madame la comtesse le voit.*

LA COMTESSE.

Ici, avec vos invités...

ÉLODIE.

Qui se regardent maintenant comme les vôtres, parce que madame la comtesse...

LA COMTESSE.

Laissez-moi, mademoiselle...

ÉLODIE.

Hein!... Mademoiselle... est-elle malhonnête...

BOQUILLARD, *ironiquement.*

Madame la comtesse voit que j'ai besoin de sa présence.

LA COMTESSE.

Je vois, monsieur, qu'il y a des hommes dont on ne peut se débarrasser en les chassant, et qu'il faut fuir pour échapper à l'humiliation de les rencontrer.

BOQUILLARD.

Madame...

CROCKMAN.

Foyons, foyons, nous fâchons bas... la betite mère.

LA COMTESSE.

Place, monsieur!... je veux rentrer chez moi... Place!

CROCKMAN, *s'appuyant à la porte de droite au fond.*

Eh! eh! ch!

LA COMTESSE.

Dieu! une pareille insolence!... Où est monsieur le comte? il faut que je lui parle.

BOQUILLARD, *barrant la porte du fond.*

Impossible, il est au lansquenet.

* Elodie, la Comtesse, Boquillard, Crockman, Farandole.

LA COMTESSE.

Ah! messieurs... vous ne prétendez pas me retenir ici malgré moi... Ce que vous faites est infâme !

BOQUILLARD.

Au contraire, belle dame, on vous propose la paix...

CROCKMAN, *un verre à la main.*

Avec un trinquement.

ÉLODIE.

Et une polka.

TOUS.

Oui, oui, une polka pour madame la comtesse.

LA COMTESSE.

Ah ! laissez-moi... ne m'approchez pas... A moi quelqu'un, à moi... (*Elle fuit jusqu'à la porte du milieu au fond.*)

SCENE IX.

LES MÊMES, CLAUDE, *entrant vivement par la porte du fond et se plaçant devant la Comtesse.*

CLAUDE.

Me voici ! *

TOUS.

Claude.

LE COMTESSE.

Oh ! sauvez-moi !

BOQUILLARD.

Qu'est-ce que c'est?... Que vient faire ici cet homme?

CLAUDE.

Cet homme vient défendre madame la comtesse contre des bandits, des prostituées et des lâches !

TOUS.

Ah !

CLAUDE.

Vous voyez qu'il vous connaît tous.

TOUS.

Par exemple...

CLAUDE.

Cet homme vous crie : « Arrière ! » Et il ne vous le répétera

* La Comtesse, Claude, Boquillard, Elodie, Crockman.

pas deux fois, car il devrait vous avoir déjà punis, vous qui avez insulté une femme sans défense. (*La Comtesse se couvre les yeux et se laisse tomber sur une chaise en sanglotant.*) Vous qui l'avez fait pleurer...

ÉLODIE, *émue.*

Oh !...

CLAUDE, *à Boquillard avec emportement.*

Toi surtout, misérable marchand d'écus! toi qui avais déjà essayé de la dépouiller ! Toi dont la seule présence ici est pour elle une injure.

BOQUILLARD, *s'élançant vers lui.*

Ah ! il faut que tant d'insolence soit châtiée ! (*Il lève la main sur Claude.*)

CLAUDE, *lui saisissant la main.*

Sur-le-champ, car tu vas demander pardon à celle que tu as offensée.

BOQUILLARD.

Comment ?...

CLAUDE, *le traînant devant la Comtesse.*

A genoux !...

BOQUILLARD, *se débattant.*

Jamais... me laisseras-tu malheureux!... Jamais!

CLAUDE, *le forçant à plier.*

A genoux.

CROCKMAN.

Oh ! c'était drop vort !

UNE VOIX.

Chassons ce drôle !

BOQUILLARD, *qui s'est relevé.*

Il faut l'assommer !

TOUS.

Oui... oui...

(*Claude se met en défense.*)

ÉLODIE, *s'interposant.* *

Du tout ! il a bien fait !

BOQUILLARD.

Comment ! il a bien fait !

---

* La Comtesse, Claude, Elodie, Boquillard, Croékman, Farandole.

CROCKMAN.

Et bourquoi ça?

ÉLODIE.

Parce que son devoir est de défendre madame la comtesse.

BOQUILLARD.

Pour gagner ses gages.

ÉLODIE.

Pour payer le bien qu'elle lui a fait... car je la reconnais maintenant; madame la comtesse est la dame de charité qui a soigné autrefois la vieille Catherine, et si Claude l'avait oublié, ce serait un sans cœur comme vous.

BOQUILLARD.

Par exemple!

ÉLODIE.

Oui, vous êtes un gros sans cœur, car vous avez continué à tourmenter une femme qui pleurait pour de bon... ce qui est toujours très-rare.... une femme qui vaut mieux que nous toutes.

LES INVITÉS.

Oh!

ÉLODIE.

Et c'est pas la flatter beaucoup. (*A Boquillard.*) Vous avez eu tort...

BOQUILLARD.

Et bien, et vous, ma chère?

ÉLODIE.

Moi, *mon cher*, j'ai été aussi bête que vous... seulement, je le reconnais. Aussi, je prie madame la comtesse de vouloir bien m'excuser, ainsi que mes amies, parce qu'on peut faire des sottises, mais des méchancetés ce n'est pas de notre paroisse, et nous laissons cela aux honnêtes femmes... (*mouvement de la Comtesse*) quand elles ne sont pas, comme madame la comtesse, aussi bonnes que jolies.

CLAUDE, *lui prenant la main.*

Ah! merci....

ÉLODIE.

Ne crains rien, mon petit... je m'en vas... (*A Boquillard.*) Et faut qu'on me suivre ou je me fâche... (*Passant près de Farandole.*) Nous perdons notre temps ici, tandis que là-bas, au lansquenet, ces messieurs vont parier pour nous.

FARANDOLE.

C'est juste... au lansquenet !

ÉLODIE.

Allons. messieurs, la main aux dames. (*Crockman va donner le bras à Farandole.*) Votre bras, Boquillard.

BOQUILLARD.

Un instant.

ÉLODIE, *avec autorité.*

Et bien monsieur, Boquillard... je crois que vous me faites attendre ?

BOQUILLARD.

Me voilà, me voilà.... (*A la Comtesse.*) Mais je reviendrai avec d'Arnetal.

SCÈNE X.

LA COMTESSE, CLAUDE.

LA COMTESSE.

Avec le comte... il les savait donc ici ?...

CLAUDE.

C'est lui qui les a reçus.

LA COMTESSE.

Lui !... Ah ! je m'explique tout maintenant.... c'est le commencement de cette guerre dont il m'a menacée... il veut me punir par des insultes .. évitées aujourd'hui elles se renouveleront demain ! ah ! je ne les attendrai pas ! (*Elle se lève.*)

CLAUDE.

Comment ?

LA COMTESSE.

Non, je ne puis vivre ici plus longtemps, je partirai.

CLAUDE.

Partir... et croyez-vous que M. le comte le permette ?

LA COMTESSE. *

Ah ! vous avez raison, ce serait renoncer à sa vengeance ! et il faut que je sois là pour recevoir ses coups, pour qu'il me sente mourir heure par heure ! (*Avec une douleur croissante.*) Ah !... mais alors... il n'y a plus pour moi aucun espoir... je suis au fond d'un malheur sans issue ! — Ainsi ce n'est pas assez de mes.

_ * Claude, la Comtesse.

rêves détruits, de mon bonheur perdu... il faudra craindre sans cesse quelque nouveau piége... être humiliée... avilie !.. Ah !.. jamais !.. (*Pernette entre.*) C'est trop à la fois... puisque tout m'abandonne, puisque Marcel est parti, puisque je ne puis compter sur aucune joie ici-bas... et bien... il me reste un moyen de délivrance ! (*Elle s'élance dans la chambre à droite.*)

SCENE XI.

CLAUDE, PERNETTE, *qui a paru à la fin de la scène précédente.*

PERNETTE.

Dieu ! madame la comtesse !

CLAUDE.

Suivez-la...

PERNETTE, *courant à la porte de droite et ne pouvant l'ouvrir.*

La porte est refermée.

CLAUDE.

Refermée ! courez, Pernette, par le petit escalier...

PERNETTE.

Et vous par la galerie. (*Pernette disparaît par la porte du fond, à droite ; Claude se dirige vers la porte de gauche.*)

SCENE XII.

LES MÊMES, BOQUILLARD, LE COLONEL, LE BARON.

LE COLONEL, *apercevant Claude.*

Le voici.

BOQUILLARD.

Arrête, drôle !

CLAUDE.

Laissez-moi !

BOQUILLARD.

Il faut que tu viennes parler à d'Arnetal...

CLAUDE, *reculant.*

Ah ! vous me ferez place, ou malheur à qui m'arrête...

PERNETTE, *au dehors.*

Au secours !... au secours !...

CLAUDE.

Ecoutez...

LE BARON.

Qu'y a-t-il donc?... (*Les portes du fond s'ouvrent et laissent voir les invités groupés sur la terrasse et regardant la mer; des valets portent des torches.*)

ÉLODIE, *montrant un balcon à droite.*

Là, de ce balcon, une femme s'est précipitée dans la mer...

PERNETTE, *courant éperdue.*

Dieu! ma marraine!...

CLAUDE.

Ah!... (*Il s'élance vers le fond et monte sur la balustrade de la terrasse.*)

ÉLODIE.

Voyez, là-bas... sur le haut de cette vague, une robe blanche!

TOUS.

C'est elle!

CLAUDE.

Ma mère! protége-moi! (*Il s'élance dans la mer. — Tableau.*)

ACTE V.

PREMIER TABLEAU.

UN MÉNAGE DU GRAND MONDE.

Un salon; portes au fond à droite et à gauche. — A droite, une table, chaises et fauteuils.

SCÈNE I.

PERNETTE, GERMAIN.

PERNETTE.

Ainsi, après avoir sauvé ma marraine, hier soir, Claude a disparu?

GERMAIN.

Comme un mal appris qu'il est. Sitôt que madame la comtesse a eu ouvert les yeux, il s'est sauvé et depuis, ni vu ni connu!

PERNETTE.

C'est bien singulier.

GERMAIN.

Et dites, mamselle Pernette, il paraît que madame la comtesse est tout à fait bien, puisqu'elle est avec monsieur Fauvel le notaire...

PERNETTE.

Oui, elle vient de demander monsieur le comte.

GERMAIN.

Ah ! le voici... (*Il sort avec Pernette.*)

SCENE II.

LE COMTE, LA COMTESSE, FAUVEL.

LE COMTE *entre en lisant une lettre il est très-agité.*

A part. Elodie repartie pour Paris avec Boquillard !.. et elle a l'audace de m'écrire pour prendre congé ! Oh ! tous deux me payeront cette insolence...(*Apercevant la Comtesse.*) Ah! la comtesse.(*Il froisse dans sa main la lettre d'Elodie.*) Avec son homme d'affares. (*La Comtesse s'arrête à la vue du Comte.*)

FAUVEL, *bas.*

Du courage, madame la comtesse. *

LE COMTE.

Je suis heureux, madame, de voir que vous soyez enfin assez remise pour recevoir ma visite.

LA COMTESSE.

Il le fallait, monsieur... il s'agit d'une affaire que je ne pui trater qu'avec vous.... nous n'avons cette dernière entrevue que pour nous entendre. Monsieur Fauvel, vient de préparer un acte par lequel en engageant une partie de ce que je possède, je puis solder la totalité des dettes présentes de monsieur le comte.

LE COMTE.

De mes dettes ?

FAUVEL, *présentant un papier et saluant.*

Six cent quarante-sept mille francs.

LE COMTE.

Une telle générosité pour un mari... et quel en est le prix, madame?

---

* Le Comte, Fauvel, la Comtesse.

LA COMTESSE.

Le prix, monsieur, c'est ma liberté.

LE COMTE.

Et si je refuse ?

FAUVEL.

Alors, monsieur le comte se trouvera abandonné à ses nombreux créanciers, qui viennent d'obtenir arrêt de saisie sur tous ses biens avec une contrainte par corps.

LA COMTESSE.

Vous voyez, monsieur, que vous ne pouvez repousser une transaction devenue nécessaire.

LE COMTE.

Vous vous trompez, madame la comtesse, car en subissant l'arrêt qui me frappe je me réhabilite et je vous déshonore. Aujourd'hui, grâce à mes folies, vous avez pu prendre ce gracieux rôle de victime si recherché des femmes, on vous plaint et on me condamne ; mais demain, madame, tout sera changé. Quand on verra le mari ruiné et sous les verrous, tandis que la femme vit libre et dans l'opulence, l'intérêt sera pour moi, l'indignation contre vous ; l'opinion du monde vous forcera à faire votre devoir.

LA COMTESSE.

Et si ce devoir n'existe plus ?

LE COMTE.

Comment ?

LA COMTESSE.

Si l'insulte reçue hier ici a été prévue par la loi ?

FAUVEL.

Article 231.

LA COMTESSE.

Si elle me permet de faire prononcer entre nous la séparation ?

LE COMTE.

Vous ?

FAUVEL *se lève et présente un papier en saluant.*

Voici le projet de requête !

LA COMTESSE. *

Monsieur le comte comprendra peut-être maintenant que mon

---

* La Comtesse, le Comte, Fauvel.

offre ne vient ni d'hésitation ni de faiblesse, mais du désir d'éviter un éclat dont je souffrirai moins que lui et que je suis décidée à subir.

LE COMTE, *avec une rage concentrée.*

Fort bien, madame, je vois la trame tout entière... c'est une procédure domestique fort habilement conduite, et j'en fais compliment à l'homme qui l'a imaginée. — Madame la comtesse a seulement oublié que je suis de ceux que la menace encourage; elle ignore les ressources qui me restent.

FAUVEL, *présentant un acte.*

Voilà le bilan de monsieur le comte.

LE COMTE.

Assez, monsieur..., vos pareils attendent pour parler qu'on les interroge! (*Il sort par le fond.*)

SCENE III.

LA COMTESSE, FAUVEL.

LA COMTESSE, *vivement.*

Ah! monsieur Fauvel, tout est perdu.

FAUVEL.

Tout est gagné.

LA COMTESSE.

Que voulez-vous dire?

FAUVEL.

Le comte acceptera.

LA COMTESSE

Quoi! vous pensez...

FAUVEL.

J'en suis sûr, mais il faut lui laisser le temps de trouver une excuse à son orgueil... Je vais achever la rédaction des actes. Bon courage, madame la comtesse. (*Il sort par le fond.*)

SCENE IV.

LA COMTESSE; CLAUDE, *entrant par la droite.*

CLAUDE, *à part.*

C'est elle!

LA COMTESSE, *l'apercevant.*

Ah! Claude, je vous revois enfin...; pourquoi vous être dérobé jusqu'ici à ma reconnaissance?...

CLAUDE.

Parce que j'avais mieux à faire que de recevoir les remercîments de madame la comtesse..., parce que ma tâche n'était pas
achevée.

LA COMTESSE.

Comment ?

CLAUDE.

Quand madame la comtesse, arrachée aux vagues, s'est enfin
ranimée, le premier nom qu'elle a prononcé est celui de M. de
Barville.

LA COMTESSE.

Dieu !

CLAUDE.

No craignez rien, j'ai été seul à l'entendre ; mais j'ai compris
que c'était là le protecteur que désirait madame la comtesse,
celui qui pouvait seul la soutenir et la conseiller... J'ai senti
qu'il fallait l'avertir à tout prix, et vous laissant à ceux qui vous
donnaient leurs soins, j'ai couru vers la grève, je me suis jeté
dans une barque, j'ai cherché au milieu de l'orage et de la nuit
la frégate du commandant.

LA COMTESSE.

Vous !

CLAUDE.

J'ai pu enfin l'atteindre ; j'ai parlé à monsieur de Barville, et
il m'a suivi !

LA COMTESSE.

Il est ici ?

CLAUDE.

Oui, mais j'ai pensé que son retour pouvait donner des soupçons, que monsieur le comte y trouverait le prétexte de quelque
persécution nouvelle. Alors je l'ai conduit là, (*il montre la
droite*) à la tourelle, où il attend.

LA COMTESSE.

Ah ! Claude, comment reconnaître jamais... (*On frappe à la
porte de droite.*)

CLAUDE.

Silence, madame ; écoutez....

MARCEL, *au dehors*.

Claude !... Claude !...

CLAUDE.

On a appelé.

MARCEL, *frappant toujours.*

Au nom du ciel, ouvrez !...

LA COMTESSE.

C'est sa voix. (*Elle ouvre ; Marcel s'élance dans la chambre.*)
Marcel ! *

MARCEL.

Plus bas !

CLAUDE.

Qu'y a-t-il donc ?

MARCEL.

Tout à l'heure, quelqu'un passait devant la fenêtre de la tourelle, j'ai été aperçu sans doute, car les verrous ont été brusquement poussés au dehors.

LA COMTESSE.

Ciel !

MARCEL.

Après avoir vainement cherché une issue, j'ai dû frapper à
cette porte.

CLAUDE.

Ainsi vous êtes enfermé ?

LA COMTESSE, *montrant le fond.*

Non... Ce salon donne sur la grande galerie...

CLAUDE, *qui regarde à la porte.*

Prenez garde, on vient... C'est le comte ! (*Il referme brusquement la porte du fond.*)

LA COMTESSE *et* MARCEL.

Dieu !

CLAUDE, *montrant la chambre à gauche.*

Vite, là !...

LA COMTESSE.

Oui.

CLAUDE.

Et du calme, madame la comtesse, du calme.

* Claude, Marcel, la Comtesse.

SCENE V.

LES MÊMES, LE COMTE, *il ouvre brusquement la porte du fond et regarde de tous côtés.*

LE COMTE, *à part.*

Il n'y est plus! (*Haut.*) Pardon, je ne m'attendais pas à la bonne fortune de trouver madame la comtesse seule.

LA COMTESSE.

Pourquoi cela, monsieur?

LE COMTE.

Parce qu'en passant tout à l'heure de ce côté j'avais cru apercevoir quelqu'un.

CLAUDE.

Dans la tourelle?

LE COMTE.

Précisément.

CLAUDE.

Alors c'est monsieur le comte qui m'a enfermé?

LE COMTE.

Toi... et qu'y faisais-tu?

CLAUDE.

Monsieur le comte sait bien que j'y loge.

LE COMTE.

Mais comment alors te trouves-tu ici?

CLAUDE.

Parce que cette porte était ouverte. Pour ne pas rester prisonnier, j'ai dû prendre la liberté de traverser l'appartement de madame la comtesse.

LE COMTE.

Fort bien. Alors, puisqu'il n'y a personne... madame ne me refusera pas un moment d'entretien. (*Montrant la chambre à gauche.*) Et nous pouvons passer chez elle. (*Il fait un mouvement vers la porte à gauche.*)

LA COMTESSE, *se relevant.*

Non... c'est inutile, je puis entendre ici monsieur le comte. (*Allant vivement à Claude.*) Laissez-nous, Claude.

CLAUDE, *bas.*

Madame la comtesse, prenez garde. (*Il sort par le fond.*)

7.

SCENE VII.

LE COMTE, LA COMTESSE.

LA COMTESSE.

Nous voilà seuls, monsieur, je vous écoute... (*Le Comte va droit à la chambre de la Comtesse et referme la porte à clef.*) Que faites-vous?

LE COMTE.

M. de Barville est là.

LA COMTESSE.

M. le comte!

LE COMTE.

N'essayez ni dénégations ni subterfuges; il est là...

LA COMTESSE, *se cachant le visage.*

Ah!

LE COMTE.

Enfin, madame, j'ai aussi mon tour! tout à l'heure vous me teniez sous vos menaces et sous vos mépris, maintenant je me relève! maintenant c'est à moi d'exiger, à vous d'accepter!

LA COMTESSE.

Eh bien! soit; qu'exigez-vous?

LE COMTE, *montrant la table à droite.*

Asseyez-vous, madame. *

LA COMTESSE.

Moi....

LE COMTE.

Asseyez-vous et écrivez... un billet que je vais vous dicter... un billet signé de vous, adressé à M. de Barville et qui prouvera votre déshonneur!

LA COMTESSE, *se levant.*

Ah! jamais.

LE COMTE, *avec emportement.*

Madame!

LA COMTESSE.

Jamais, car ce serait signer une fausseté.

LE COMTE, *à la table.*

Prenez garde, madame la comtesse; le code est encore là, c'est vous qui l'avez ouvert tout à l'heure; vous m'avez forcé

____

* La Comtesse, le Comte.

d'entendre l'article qui condamnait le mari coupable d'injures ;
mais il y en a un autre, madame, celui qui lui donne le droit de
tuer l'amant trouvé dans sa maison.

LA COMTESSE *pousse un cri, tend les mains et tombe à genoux.*

Oh ! grâce, monsieur !

LE COMTE , *la main sur le code.*

Faut-il vous le lire ?

LA COMTESSE.

Non, non.

LE COMTE, *lui donnant une plume.*

Alors, écrivez...

LA COMTESSE , *se relevant et chancelant.*

Eh bien... puisqu'il le faut... pour racheter sa vie... Parlez,
monsieur... me voilà à votre merci...

CLAUDE, *au dehors.*
Il est ici, il est ici.... (*Il paraît à la porte du fond.*)

SCENE VIII.

CLAUDE, LE COMTE, LA COMTESSE.

LE COMTE, *avec emportement.*
Qui t'a appelé ? que me veut-on ?

CLAUDE, *à haute voix.*
Le commandant de Barville demande à voir monsieur le comte.

LE COMTE *et* LA COMTESSE.
Monsieur de Barville ?

CLAUDE, *d'un ton marqué regardant la Comtesse.*
Je l'ai laissé au salon.

LE COMTE.
Lui.... c'est impossible ! (*Il court à la chambre de gauche, l'ouvre
et s'y précipite.*)

LA COMTESSE.
Comment se fait-il....

CLAUDE.
Grâce à moi il a pu escalader la fenêtre qui donne sur le jardin

LA COMTESSE.
Ciel !

LE COMTE, *reparaissant.*
Echappé !

CLAUDE, *annonçant.*
Monsieur le commandant de Barville.

LE COMTE, *avec rage.*

Ah ! celui-là, du moins, ne m'aura pas joué impunément !

SCENE IX.

CLAUDE, *au fond,* LE COMTE, LA COMTESSE.

MARCEL.

Madame la comtesse excusera ma visite inattendue. Ramené à terre par l'orage, je n'ai point voulu repartir sans lui avoir renouvelé mes adieux.

LE COMTE.

Il est certain, mon cher commandant, que ce retour est une surprise pour tout le monde, vos évolutions ont une promptitude... (*Regardant alternativement la porte de la chambre de la Comtesse et celle du fond par laquelle Marcel est entré.*) Quand on vous suppose à gauche, vous paraissez à droite... croiriez-vous, par exemple, qu'à l'instant même je soutenais à madame la comtesse que vous étiez là?.. (*Il montre la chambre à droite.*)

MARCEL.

J'espère que monsieur le comte est maintenant détrompé ?

LE COMTE.

Tout à fait... seulement j'avais un pari engagé contre madame, et ceci fait tourner les chances. *

LA COMTESSE.

De grâce, monsieur le comte....

LE COMTE.

Oh ! ne craignez rien, je suis beau joueur; quand j'ai perdu la partie je me résigne. — Et la preuve c'est que je souscris à la proposition de madame la comtesse....

LA COMTESSE.

Que dites-vous ?

LE COMTE.

Je dis que les créanciers attendent, et que ne pouvant plus dicter mes conditions, il faut bien que j'accepte les vôtres.

LA COMTESSE.

Ainsi les actes préparés par monsieur Fauvel....

LE COMTE.

Nous allons les signer dans mon cabinet. — Monsieur le com-

* Claude, Marcel, le Comte, la Comtesse.

mandant m'excusera de lui enlever pour un moment madame la comtesse?

MARCEL.

Je me retire...

LE COMTE, *allant à lui.*

Non, de grâce, veuillez attendre....

LA COMTESSE, *à part.*

Quel peut être son projet....

LE COMTE, *tendant la main à Marcel.*

(*Bas.*) Je vous laisse le choix du lieu et des armes.

CLAUDE, *à part.*

Oh!

LE COMTE, *haut, d'un ton aimable.*

Je reviens tout à l'heure.

MARCEL.

Monsieur le comte me retrouvera.

LE COMTE, *à part, en regardant la Comtesse.*

Cette liberté qu'elle m'achète, elle me la payera par d'éternels regrets... Venez, madame la comtesse. (*Il lui donne le bras et sort avec elle par le fond.*)

SCÈNE X.

MARCEL, CLAUDE.

CLAUDE.

Commandant !

MARCEL.

Claude !

CLAUDE.

Vous allez vous battre?

MARCEL.

D'où sais-tu...

CLAUDE.

J'ai entendu la provocation du comte.

MARCEL.

Eh bien... pourquoi te rien cacher à toi, qui as été pour la comtesse plus qu'un serviteur, à toi ici notre seul ami... oui... tôt ou tard il fallait en arriver là... béni soit Dieu de n'avoir point prolongé outre mesure cette épreuve, et de vouloir enfin que mon sort se décide !

CLAUDE.

C'est-à-dire que ce duel est pour vous le moyen de sortir d'un malheur sans espoir ; vous n'y voyez que l'occasion de mourir !

MARCEL.

Non, oh ! non ! je ne donnerai pas volontairement ma vie à un si indigne adversaire ; j'userai de toutes les chances loyales du combat ; je n'oublierai point que si je suis frappé, je laisse la comtesse livrée à un tyran implacable ; que si je frappe, je la délivre.

CLAUDE.

Mais en la perdant ! car y avez-vous pensé ? la femme dont vous aurez tué le mari, ne peut jamais porter votre nom !

MARCEL.

Je le sais ; mais du moins j'aurai assuré son repos, sa liberté.

CLAUDE.

Et si c'était au profit d'un autre ?

MARCEL.

Qu'importe !

CLAUDE.

Quoi ! vous pourriez supporter...?

MARCEL.

Tout pour qu'elle soit heureuse !

CLAUDE, *lui prenant la main.*

Ah ! je vous crois maintenant... oui, vous l'aimez.

MARCEL, *regardant autour de lui.*

Tais-toi...

CLAUDE.

Vous avez raison... le comte peut venir... il vous a laissé le choix du lieu et des armes...

MARCEL.

En effet ; mais j'ai mon épée, et quant au lieu...

CLAUDE.

Près de la chapelle des dunes... L'endroit est désert et écarté !

MARCEL.

Soit !

CLAUDE.

Seulement... comme la comtesse pourrait avoir quelques soupçons, partez seul, j'avertirai le comte.

MARCEL.

Tu as raison.

CLAUDE, l'arrêtant.

Commandant... si le bonheur de madame la comtesse dépendait jamais de votre volonté... vous promettez de le faire... (Mouvement de Marcel.) Vous le promettez devant Dieu et sur votre honneur?

MARCEL.

Sur mon honneur et devant Dieu ! Mais pour cela, il faudrait un miracle.

CLAUDE.

Le ciel le fera peut-être. (Mouvement de Marcel.) Allez, monsieur le comte... allez... (Marcel sort par la droite.)

SCENE XI.

CLAUDE, seul.

Et toi, Claude, plus d'hésitations. La haine t'avait fait tomber, relève-toi par le dévouement et par le sacrifice. (Se découvrant.) Ma mère, je vais payer votre dette.

SCENE XII.

CLAUDE, LE COMTE, LA COMTESSE.

LE COMTE, à la Comtesse.

Enfin, madame, vos désirs sont remplis.

LA COMTESSE, regardant autour d'elle.

En effet, monsieur le comte.

LE COMTE.

Vous cherchez monsieur de Barville ?

CLAUDE.

Il n'a pu rester davantage. (Bas au Comte.) Il vous attend à la grande Roche-Verte.

LE COMTE, bas.

La Roche-Verte... je ne connais pas.

CLAUDE, *bas.*

Je conduirai monsieur le comte.

LE COMTE, *bas.*

Bien. (*Il va chercher son chapeau.*)

CLAUDE, *à la Comtesse.*

Madame la comtesse... quand vous serez heureuse... souvenez-vous de moi !

DEUXIEME TABLEAU.

LA GRÈVE.

Le théâtre représente une baie. — A gauche, un promontoire s'avance jusqu'au tiers du théâtre ; il est percé d'une arche naturelle sous laquelle on aperçoit les vagues agitées, le reste du théâtre est une grève. — A droite, vers le second plan, un rocher.

Au moment où la toile se lève, un groupe composé d'enfants et de jeunes filles se tient sur l'extrémité du promontoire ; ils sont en prière autour d'une croix ; ils y suspendent des couronnes, puis se retirent.

SCENE I.

LE COMTE *et* CLAUDE, *entrant sur une barque par l'arche qui passe sous le promontoire; Claude porte des épées, le Comte des pistolets.*

CLAUDE, *tirant des épées.*

Nous voilà arrivés à la Roche-Verte, monsieur le comte.... c'est ici.

LE COMTE.

C'est bien. — (*Il tient une paire de pistolets qu'il va poser sur une saillie de rocher à gauche; Claude pose les épées à droite.*)

LE COMTE, *regardant autour de lui.*

Mais je n'aperçois point monsieur de Barville.

CLAUDE.

Il aura pris par les falaises.

LE COMTE.

C'est une étrange idée d'avoir choisi cette grève éloignée, quand nous pouvions nous rencontrer à dix pas du château.

CLAUDE.

Monsieur de Barville a craint sans doute que madame la comtesse n'entendît le bruit des armes, ou n'aperçût le cadavre.... mais qu'importe à monsieur le comte le lieu où il doit se débarrasser d'un rival?

LE COMTE.

Un rival !.. qui t'a dit?...

CLAUDE.

Personne, j'ai regardé, j'ai vu...

LE COMTE.

C'est-à-dire que tu as surpris le secret de tes maîtres ?

CLAUDE.

Et j'en ai encore un autre que monsieur d'Arnetal ignore.

LE COMTE.

Toi?... quel secret?

CLAUDE.

Monsieur le comte a-t-il oublié un jeune ouvrier qui vint un jour à lui avec des créances signées de sa main? Pauvre et honteux dans ses grands salons dorés, il demandait tout bas ce qui lui était dû.

LE COMTE.

En effet, je me rappelle ; un assez méchant drôle.

CLAUDE.

En quittant monsieur le comte, il était perdu s'il n'eût rencontré un cœur plein de charité, comme il y en a encore parmi vous, une de ces créatures de Dieu dont on ne peut pas envier la richesse, parce qu'on sent que c'est pour elles un moyen de faire le bien, qu'on ne peut pas haïr, parce qu'on comprend qu'elles ont pitié et qu'elles vous aiment, une femme, un ange, madame la comtesse d'Arnetal...

LE COMTE.

Ah ! je ne m'étais donc pas trompé en croyant reconnaître ces traits... c'est toi...

CLAUDE.

Moi, que monsieur le comte a autrefois insulté et fait chasser par ses gens, moi qui ai été depuis le témoin silencieux des angoisses de la comtesse, qui ai recueilli dans mon cœur toutes les larmes que vous lui avez fait verser ; je suis le fils du tapissier Morin, le malheureux sauvé par madame Henriette, et je viens vous demander compte du mal que vous avez fait à tous deux.

LE COMTE.

Insolent !...

CLAUDE.

Oh ! vous pouvez m'insulter, vous me rendrez raison de tout en même temps... Nous avons des armes, et l'un de nous doit mourir ici.

LE COMTE.

Alors ce sera toi.

CLAUDE.

Je sais que les chances vous sont favorables, vous avez la main exercée ; on vous a appris à tuer ; mais moi, je crois qu'il y a au-dessus de nos têtes quelqu'un de juste et de tout-puissant ! S'il a pitié de madame Henriette, s'il a décidé qu'elle avait assez souffert, votre adresse n'y fera rien ; et dans un instant elle sera veuve.

LE COMTE, *avec colère.*

Ah ! tu veux me pousser à bout !...

CLAUDE.

Je veux que Dieu décide, monsieur le comte... Les épées sont là, et je vous forcerai bien à choisir. (*Il court aux épées.*)

LE COMTE, *saisissant les pistolets.*

Mon choix est fait.

CLAUDE, *se retournant.*

Comment ?... (*Le Comte tire un coup de pistolet; Claude atteint au bras pousse un cri et laisse tomber son épée.*)

LE COMTE, *ironiquement.*

Maintenant tu ne me demanderas plus raison, car tu ne peux tenir une épée.

CLAUDE, *faisant un effort pour se relever.*

Ah ! lâche ! tu crois ainsi m'échapper... où je cherchais un adversaire, je n'ai trouvé qu'un assassin... eh bien... malheur à

toi !... (*Il s'est traîné en s'appuyant au rocher jusqu'à la barque;
il détache la corde qui la retient, et les flots l'emportent.*)

LE COMTE, *avec un cri et courant à la barque.*

Que fais-tu, misérable !

CLAUDE.

Je t'ôte les moyens de retour...

LE COMTE, *regardant autour de lui.*

Comment ?

CLAUDE.

Oh ! tu chercherais en vain une route ; on n'arrive ici que par
la mer...

LE COMTE.

Mais on s'apercevra de mon absence, on viendra à notre secours.

CLAUDE.

Il sera trop tard.

LE COMTE.

Que veux-tu dire ?

CLAUDE.

Je veux dire que tu as refusé un duel où ton adresse pouvait
te sauver... eh bien, tu seras forcé d'en accepter un où ta vie
payera la mienne... un duel dont les armes sont fournies par
Dieu lui-même.

LE COMTE, *saisi.*

Je ne te comprends pas.

CLAUDE, *lui saisissant la main.*

Monsieur le comte, entendez-vous cette grande rumeur ?...
n'apercevez-vous pas cette ligne blanche qui écume à l'horizon ?

LE COMTE.

Eh bien ?

CLAUDE.

Eh bien, c'est la mer qui monte et la mort qui vient !

LE COMTE, *très-épouvanté.*

La mort !... oh ! non, la falaise est là. (*Ici les enfants et les
jeunes filles reparaissent près de la chapelle, aperçoivent le
Comte et Claude, et se mettent à appeler au secours. — Parcou-
rant la grève éperdu.*) Regarde... on a vu notre danger, on
vient à notre secours. (*Le promontoire se couvre d'habitants qui*

accourent; *Marcel et la Comtesse paraissent près de la chapelle.*)

LA COMTESSE.

Ciel!

MARCEL.

Ils sont perdus!

LE COMTE, *qui s'est réfugié sur le rocher à droite.*

Du secours! à moi, du secours!

CLAUDE, *lui saisissant la main.*

Monsieur le comte, pensez à Dieu! (*Une vague énorme les enveloppe et les emporte. — Tous les spectateurs poussent un cri. Il y a un moment d'attente; puis tous deux reparaissent au delà du promontoire, emportés par la pleine mer. Claude lève encore une fois la main, montre la croix de sa mère, puis disparaît.— La foule tombe à genoux.*)

FIN.

Paris. — Typographie Dondey-Dupré, rue Saint-Louis, 46, au Marais.